EDITIONS USBORNE SCIENCE ACTIVE

Sommaire

SCIENCE ACTIVE
L'EAU

Helen Edom

Conception : Jane Felstead

Illustrations : Simone Abel

Consultante : Frances Nagy (Conseillère scientifique dans le cycle primaire)

Traduction : Roxane Jacobs

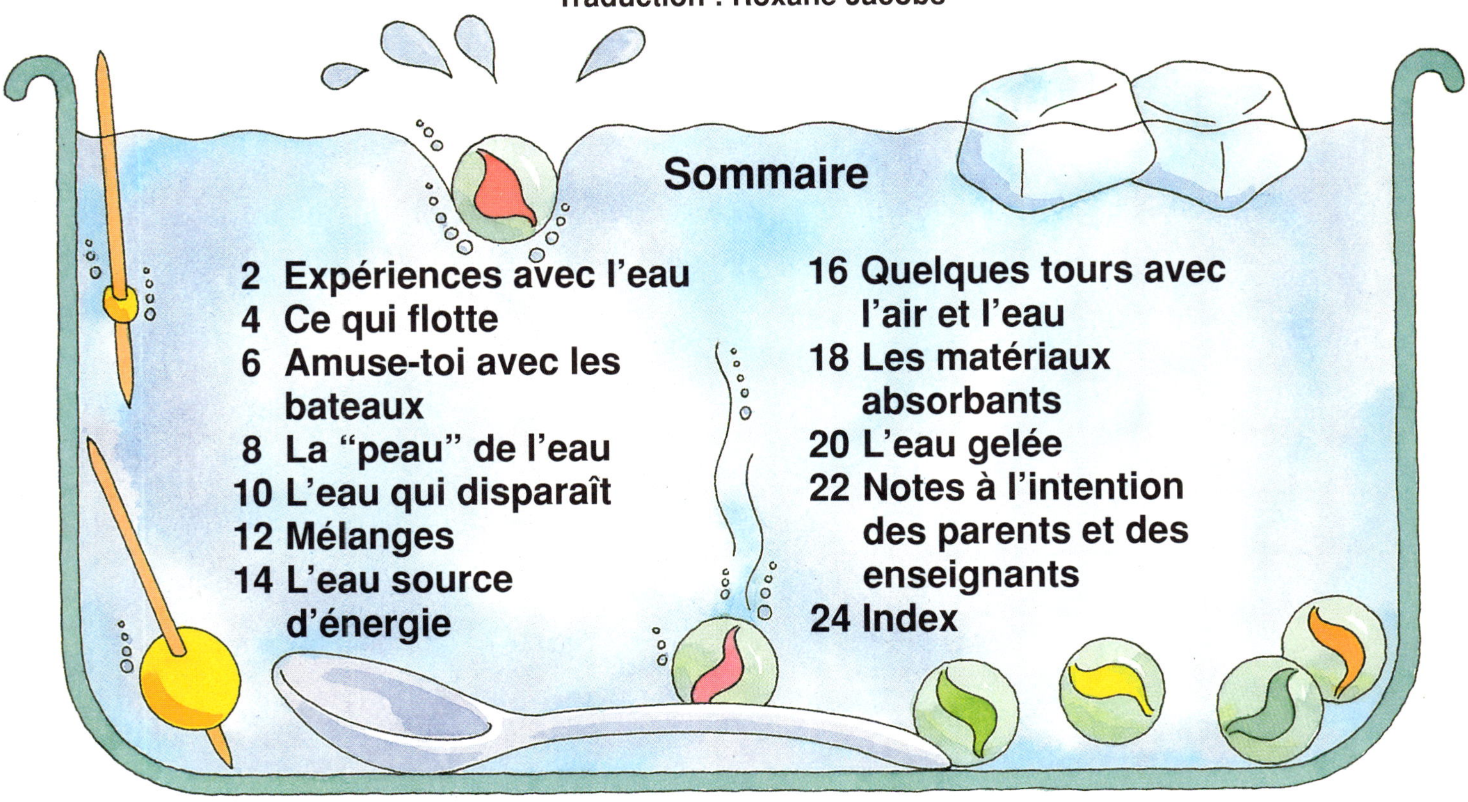

Sommaire

Expériences avec l'eau

L'eau se comporte parfois de façon surprenante. Les expériences décrites dans ce livre te permettront de le découvrir.

Ce dont tu auras besoin

Tu peux réaliser toutes ces expériences à l'aide d'objets usuels. En voici quelques-uns.

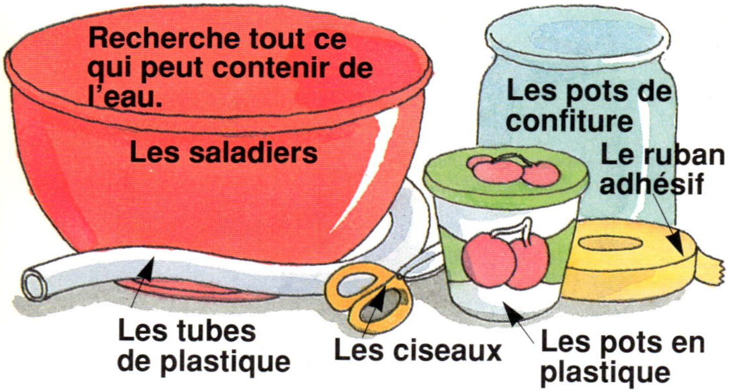

Joue au chercheur

Lis les instructions soigneusement. Puis vois si tu peux deviner ce qui va se passer avant d'entamer l'expérience.

Observe bien son déroulement pour vérifier que tu avais raison. Ecris ou dessine tout ce que tu remarques dans un cahier.

Les différentes formes de l'eau

Pour mieux connaître l'eau, commence par ces manipulations.

Verse de l'eau sur un sol dur, à l'extérieur de ta maison. Puis verse de l'eau dans un pot de confiture. A-t-elle le même aspect?

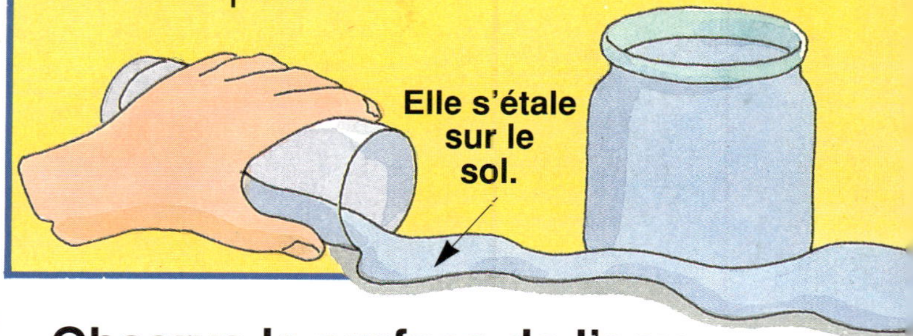

Observe la surface de l'eau

Agite doucement une bouteille à moitié pleine d'eau. Que se passe-t-il à la surface de l'eau? Repose la bouteille. Que se passe-t-il maintenant?

Rassemble plusieurs sortes de verres et de bouteilles. Verse la même quantité d'eau dans chacun. L'eau change-t-elle de forme?

L'eau adopte une forme différente à chaque fois. Demande à un ami de deviner lequel de ces récipients contient le plus d'eau.

Montre-lui qu'ils contiennent tous la même quantité d'eau en les vidant tour à tour dans le même pot.

D'après toi, que va-t-il se passer si tu inclines la bouteille? Peux-tu faire s'incliner la surface de l'eau? Essaie, tu verras. Compare la position de la surface de l'eau par rapport à la table.

Maintenant, donne une forme en U à un tube de plastique transparent*. Tiens-le sous un robinet pour le remplir d'eau. La surface de l'eau est-elle au même niveau (à la même hauteur) des deux côtés?

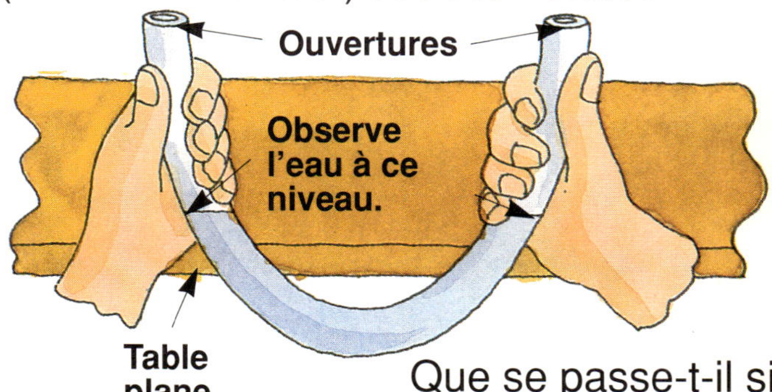

Que se passe-t-il si tu soulèves l'un des bouts du tube? Observe très attentivement.

Tu peux en acheter dans les quincailleries. Ce n'est pas très cher.

Ce qui flotte

Certains objets flottent à la surface de l'eau. D'autres s'enfoncent dedans.

Qu'est-ce qui flotte?

Rassemble plusieurs objets pour voir s'ils flottent. Avant de les poser sur l'eau, peux-tu deviner lesquels vont flotter?

Inscris tes résultats sur un tableau.

Observe les objets qui flottent. Sont-ils tous légers? Certains sont-ils gros? Flottent-ils tous de la même façon?

Peux-tu deviner ce qui se passe si tu attaches un objet qui flotte à un objet qui s'enfonce dans l'eau?

Ce qui flotte sous la surface

Fixe un peu de pâte à modeler sur un cure-dents et fais-le flotter à la verticale. Ajoute de la pâte à modeler jusqu'à ce que le cure-dents s'enfonce.

Puis enlèves-en un peu. Répète l'opération jusqu'à ce que la pique flotte juste au-dessous de la surface de l'eau.

La poussée verticale

Essaie d'enfoncer un ballon dans un seau d'eau. Tu as du mal, n'est-ce pas? Tu as l'impression que l'eau repousse le ballon.

Que se passe-t-il si tu lâches le ballon?

L'eau monte dans le seau lorsque tu enfonces le ballon, et elle finit par déborder.

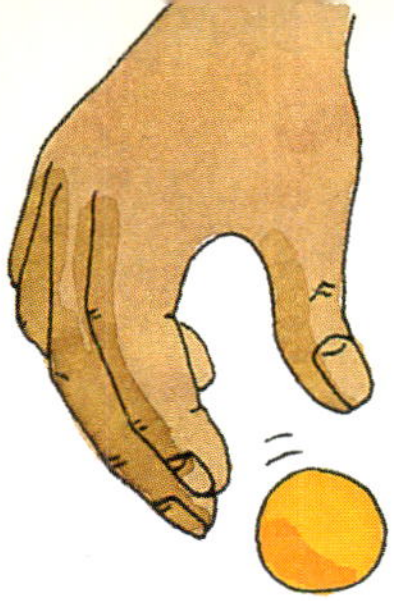

D'une forme à l'autre

Laisse tomber dans l'eau une boule de pâte à modeler. Est-ce qu'elle flotte?

Aplatis la boule et donne-lui la forme d'un bateau avec des côtés assez hauts. Est-ce qu'elle flotte maintenant?

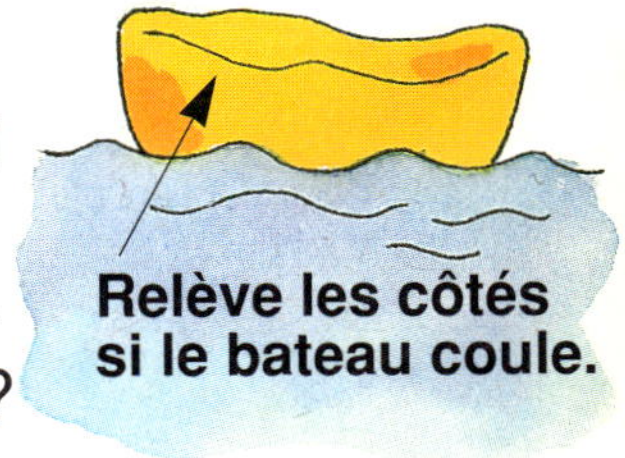

Essaie plusieurs formes

Pourquoi la pâte à modeler flotte-t-elle quand tu modifies sa forme? L'expérience suivante t'aidera à le comprendre.

Utilise un feutre pour tracer un repère à hauteur de la surface de l'eau dans un verre.

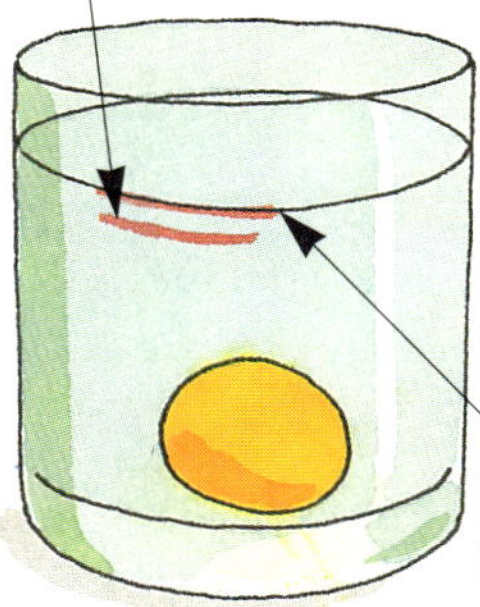

Laisse tomber une boule de pâte à modeler dedans. La surface de l'eau s'élève un peu. Trace un deuxième repère.

Donne à la pâte à modeler la forme d'un bateau et fais-la flotter sur l'eau. Pourquoi la surface s'élève-t-elle encore plus haut?

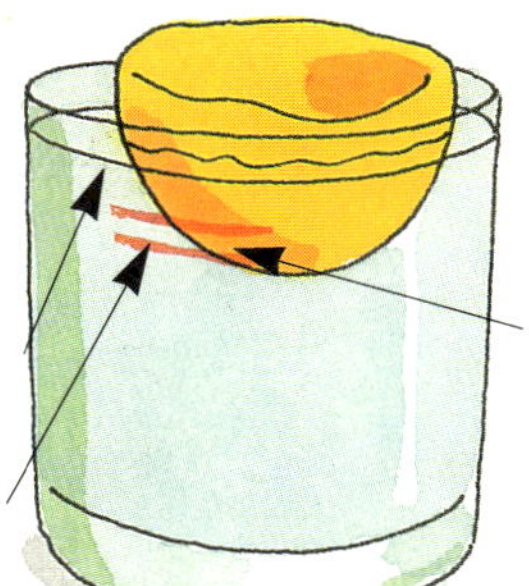

Explication

La forme de bateau occupe plus d'espace que la boule. Elle repousse davantage d'eau sur les côtés du verre.

Plus l'eau est repoussée sur les côtés, plus la pression qu'elle exerce sur l'objet est grande. Elle pousse si fort sur le bateau qu'il flotte.

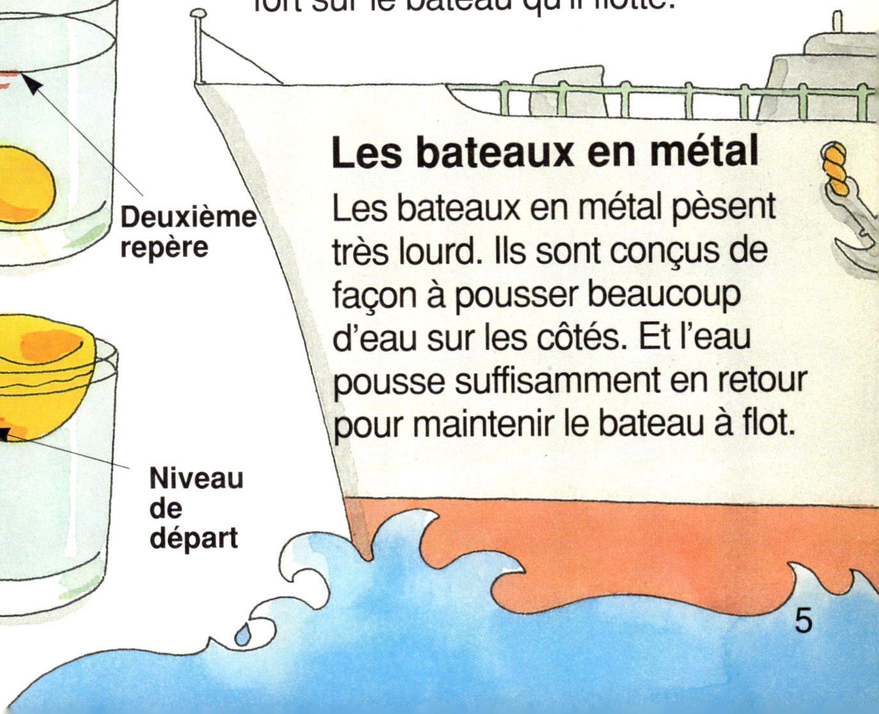

Les bateaux en métal

Les bateaux en métal pèsent très lourd. Ils sont conçus de façon à pousser beaucoup d'eau sur les côtés. Et l'eau pousse suffisamment en retour pour maintenir le bateau à flot.

Amuse-toi avec les bateaux

Les bateaux flottent si bien qu'ils peuvent transporter des choses très lourdes. On appelle ce qu'ils transportent leur cargaison.

Charge des bateaux

Essaie de trouver des objets qui feraient de bons bateaux. En voici quelques-uns. Essaie-les sur l'eau.

Remplis tes bateaux d'une cargaison de cailloux ou de billes. Est-ce que certains peuvent en transporter plus que les autres?

Est-il plus facile de pousser un bateau chargé sur le sol ou dans l'eau? Essaie pour voir.

Place des billes sur une barquette de plastique. Que se passe-t-il?

Place des billes dans une boîte à œufs. Que se passe-t-il si tu les mets toutes du même côté?

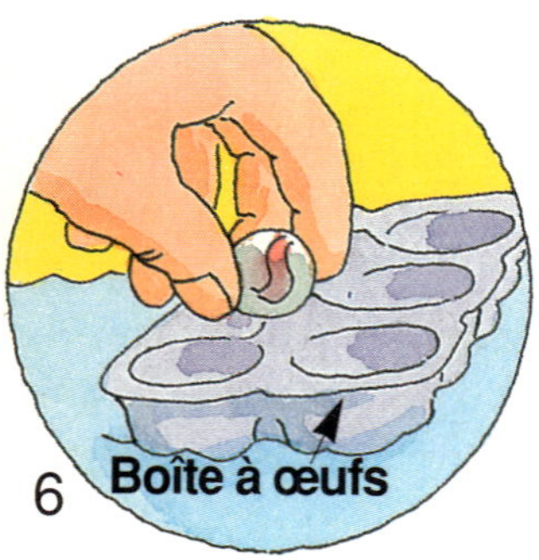

Place une bille dans chaque compartiment de la boîte. Est-ce qu'elle flotte mieux ainsi?

Les cargos

L'intérieur des cargos (navires de marchandises) est divisé en plusieurs compartiments. Ainsi, leur cargaison ne risque pas de glisser d'un côté, ce qui les ferait chavirer.

Fais couler tes bateaux

Colle de la pâte à modeler sous un pot de sorte qu'il flotte à la verticale. Trace un repère à hauteur de la surface de l'eau. Place doucement des billes dans le pot. Le repère est-il encore à la surface de l'eau?

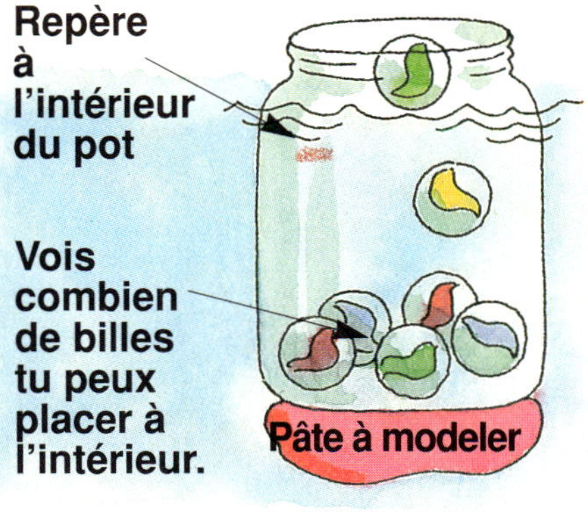

Mets beaucoup de sel dans l'eau. Places-y le pot. A quelle hauteur se trouve la surface de l'eau? Peux-tu ajouter des billes dans le pot?

La ligne de flottaison

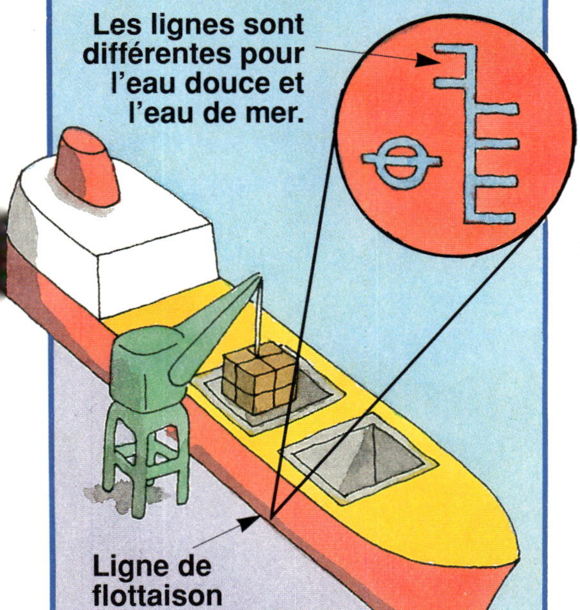

Les gros bateaux ont des lignes de flottaison. Lorsque l'eau atteint la ligne de flottaison, on arrête de charger le bateau.

Fais couler une canette

Enfonce une canette vide dans l'eau jusqu'à ce qu'elle se remplisse d'eau et coule.

Enfonce l'une des extrémités d'un tube en plastique dans la canette. Mets l'autre extrémité dans ta bouche et souffle. Que se passe-t-il?

L'air que tu insuffles fait sortir l'eau de la canette. Celle-ci devient plus légère et remonte à la surface.

Les sous-marins

Pour qu'un sous-marin s'enfonce dans l'eau, on remplit ses réservoirs d'eau. Pour qu'il remonte, on remplit ses réservoirs d'air.

La “peau” de l’eau

Voici quelques aspects surprenants de la surface de l’eau.

Quand la surface s’arrondit

Remplis un verre à ras ▶ bord. Observe attentivement la surface de l’eau. Puis glisse des pièces dans le verre, une par une.

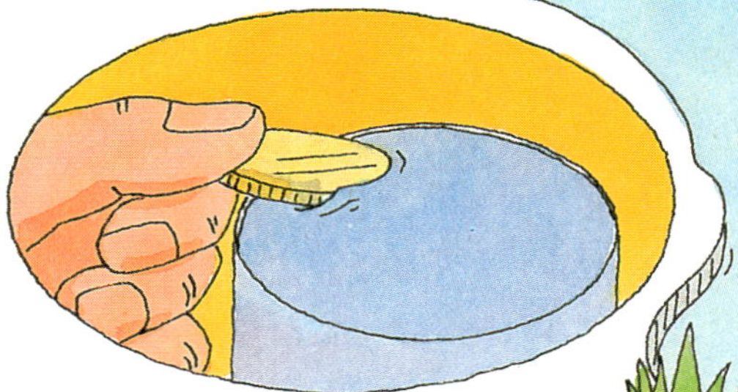

Les gerris

Des insectes appelés gerris peuvent marcher à la surface des étangs. Il sont si légers qu’ils ne passent pas à travers la “peau” de l’eau.

Est-ce que tu vois la surface de l’eau s’arrondir au-dessus du verre?

Combien de pièces peux-tu mettre dans le verre avant que l’eau déborde?

◀ La surface de l’eau donne l’impression d’être maintenue en place par un film invisible. On peut comparer la surface de l’eau à une peau.

Une aiguille flottante

Tu peux faire flotter une aiguille en la plaçant sur la “peau” de l’eau de la façon suivante.

◀ Mets l’aiguille sur une cuiller. Glisse la cuiller dans l’eau.

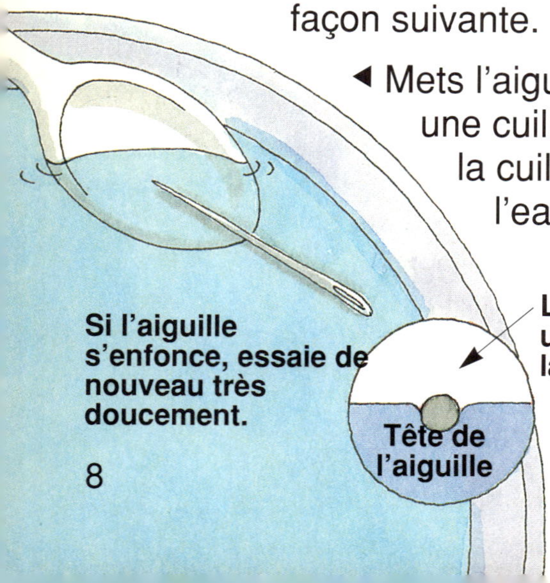

Si l’aiguille s’enfonce, essaie de nouveau très doucement.

L’aiguille forme un creux dans la “peau”.

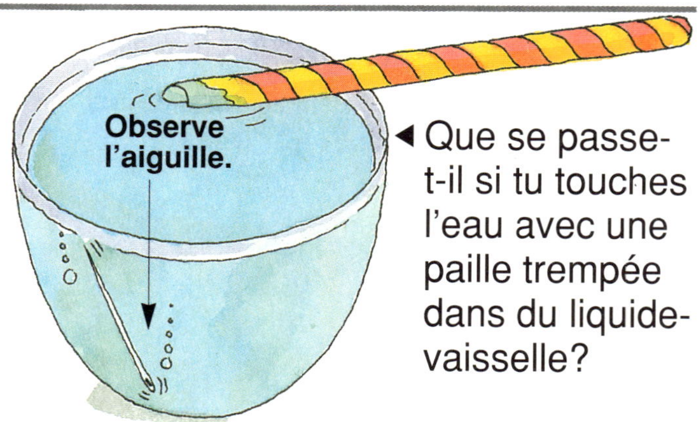

◀ Que se passe-t-il si tu touches l’eau avec une paille trempée dans du liquide-vaisselle?

En contact avec du liquide-vaisselle, la “peau” de l’eau se détend et ne peut plus supporter le poids de l’aiguille.

Les gouttes d'eau

Observe les gouttes d'eau qui subsistent après une averse. Peux-tu deviner pourquoi ces gouttes gardent leur forme?

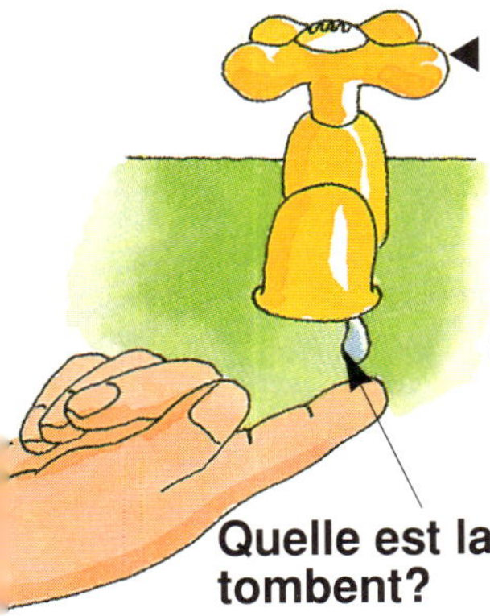

◀ Essaie d'attraper une goutte sous un robinet.

Fais-la rouler ▶ délicatement entre ton pouce et ton index.

Quelle est la forme des gouttes quand elles tombent?

Peux-tu changer la forme d'une goutte?

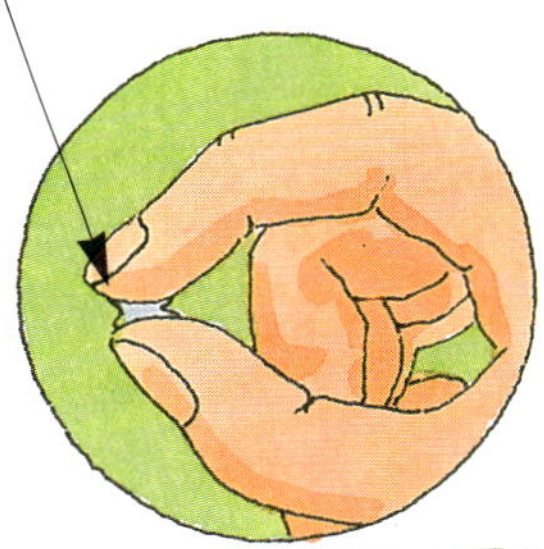

Toutes les gouttes sont entourées d'une "peau" qui reste en place même quand les gouttes changent de forme.

Aplatis les gouttes

◀ Avec une cuiller, dépose des gouttes sur une barquette de plastique bien propre. Comment les aplatir? Tu as une idée?

Essaie d'appliquer sur ▶ elles une paille trempée dans du liquide-vaisselle.

En contact avec du liquide-vaisselle, la "peau" de l'eau se détend et les gouttes s'étalent.

Fais des bulles

Mélange une cuillerée d'eau et trois cuillerées de liquide-vaisselle. Le mélange obtenu a une peau élastique.

Forme un anneau avec un morceau de fil de fer. Plonge-le dans le mélange.

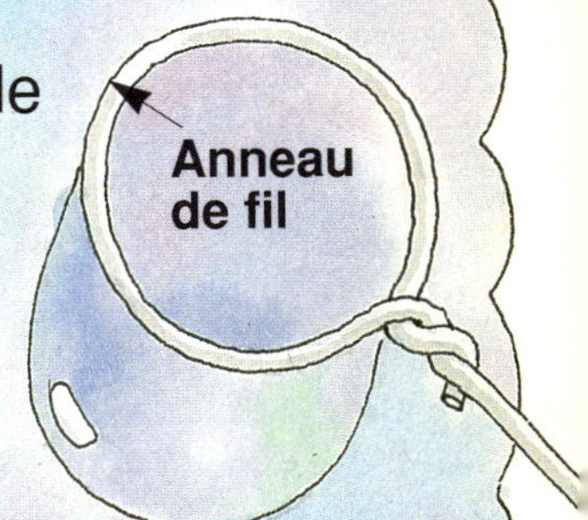

Observe la peau à l'intérieur de l'anneau. Souffle doucement. La peau se dilate et forme une bulle.

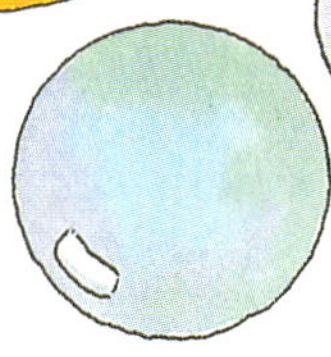

L'eau qui disparaît

Tu as sans doute remarqué que les flaques d'eau sèchent après une averse. Tu t'es déjà demandé où allait cette eau?

Explication

Tu penses peut-être que l'eau s'infiltre dans le sol ou qu'elle s'écoule mystérieusement. Alors, fais l'expérience suivante.

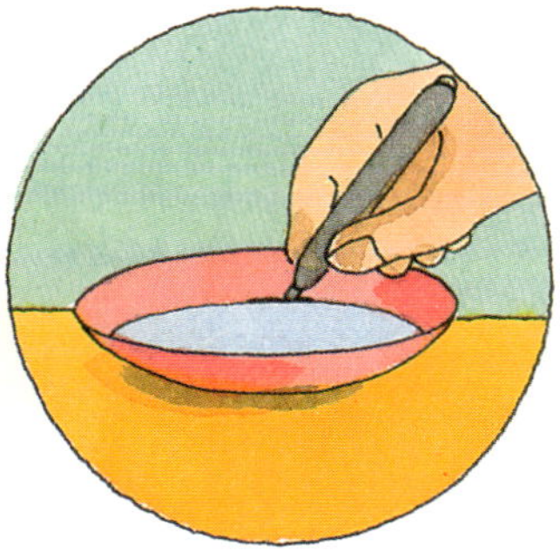

Verse de l'eau dans une soucoupe. Trace un repère au feutre juste au-dessus de la surface.

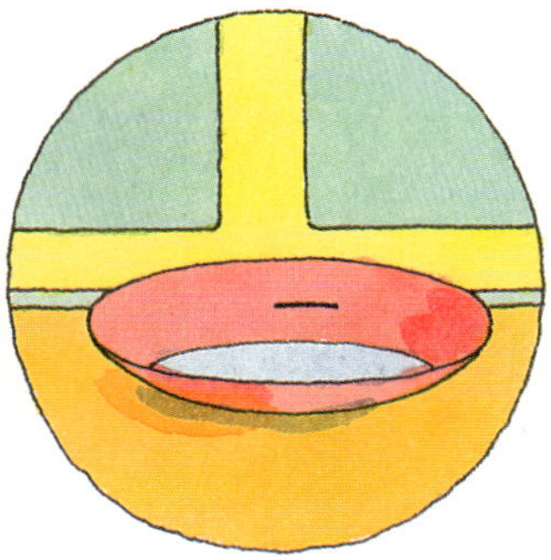

Laisse la soucoupe sur une table pendant quelques jours. Observe ton repère chaque jour.

L'eau disparaît peu à peu. Mais elle ne peut s'écouler hors de la soucoupe ni s'infiltrer dedans. Il doit y avoir une autre explication.

Comment l'eau disparaît-elle?

Elle monte dans l'air sous forme de gouttes minuscules: la vapeur d'eau. Elles sont trop petites pour qu'on les voie.

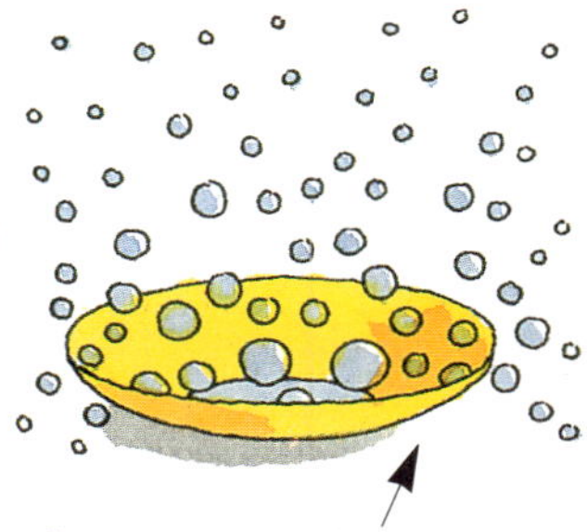

La vapeur d'eau s'échappe de la soucoupe.

Voici comment une flaque s'assèche.

Laquelle sèche le plus vite?

Remplis trois autres soucoupes. Mets la première au frais et à l'ombre, la seconde dans un endroit chaud et la troisième dans un courant d'air. L'eau disparaît-elle aussi vite dans les trois soucoupes?

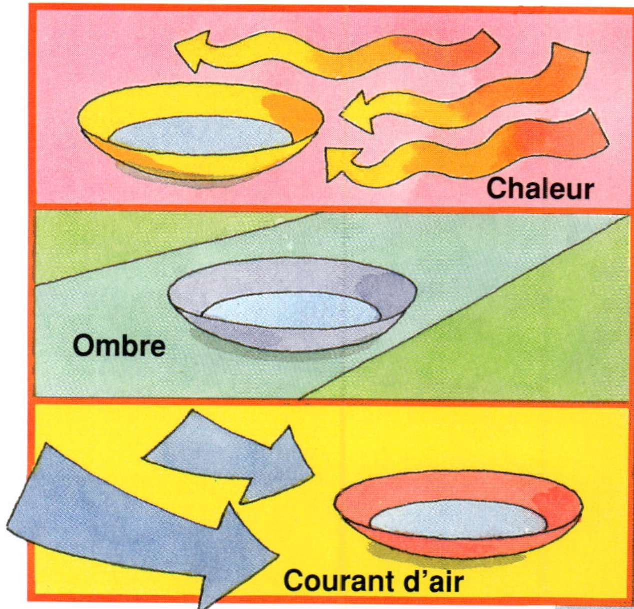

L'eau contenue dans l'air

Lorsque l'eau monte dans l'air, on dit qu'elle s'évapore. Elle s'évapore constamment des fleuves et de la mer, et l'air est rempli de vapeur d'eau invisible.

Récupérer l'eau

Remplis un pot de glaçons pour le refroidir. Que se passe-t-il à l'extérieur du pot?

Essuie avec un chiffon sec. Devient-il humide?

Si des gouttes d'eau se forment sur le pot, c'est parce que celui-ci refroidit l'air ambiant. Quand la vapeur d'eau contenue dans l'air se refroidit, ses gouttes grossissent et deviennent visibles. C'est ce qu'on appelle la condensation.

La vapeur chaude

Parfois, la condensation se produit dans l'air. Les gouttes ressemblent alors à de la fumée transparente. Quand de l'eau bout, par exemple.

L'eau dégage de la vapeur brûlante. Celle-ci refroidit au contact de l'air ambiant, plus frais, et forme des gouttes: la fumée transparente que tu observes.

Ne touche jamais cette fumée. Tu te brûlerais.

Les nuages et la pluie

Les nuages sont constitués de gouttes de condensation. Elles se forment lorsque la vapeur d'eau s'élève et entre en contact avec l'air froid qui se trouve plus haut.

Les gouttes s'assemblent et deviennent plus lourdes. Puis elles tombent sous forme de pluie.

La mer

Bien que l'eau s'évapore de la mer, celle-ci ne s'assèche jamais. Elle se remplit grâce à la pluie.

Mélanges

On peut mélanger l'eau avec beaucoup de choses. Pour en savoir plus, commence par rassembler quelques récipients.

Verses-y de l'eau. Ajoute dans chacun un ingrédient différent.

Tu peux essayer avec : de la lessive en poudre, du sable, du sel, de la farine, du sucre, du shampooing, de l'huile végétale, de la peinture en poudre, du jus d'orange.

Essaie à chaque fois de deviner ce qui va se passer.

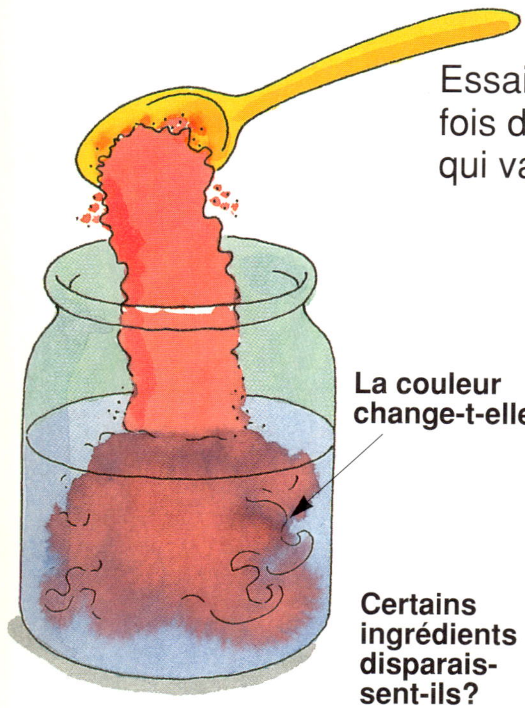

La couleur change-t-elle?

Certains ingrédients disparaissent-ils?

Obtiens-tu un résultat différent si tu verses les mêmes ingrédients dans de l'eau chaude?

Mets les doigts dans les mélanges pour voir s'ils ont la même consistance que l'eau pure.

Est-ce que l'eau se trouble ou reste claire?

Note tout ce qui se passe dans ton cahier.

Et si tu agites les mélanges, que se passe-t-il?

La séparation des mélanges

Essaie de trouver comment séparer les mélanges.

L'huile flotte. Tu peux la récupérer avec une cuiller.

Peux-tu faire de même avec les autres ingrédients?

Sers-toi d'une feuille de papier essuie tout comme d'un filtre. Plie-la en quatre et tire sur l'un des côtés pour former un cône.

Place le cône dans un entonnoir. Verse le mélange à base de sable.

Les grains de sable sont retenus.

L'eau passe à travers les trous minuscules du papier.

Peux-tu séparer d'autres mélanges de cette façon?

Les solutions

Certaines choses se mélangent si bien qu'on ne peut plus les séparer avec une cuiller ou un filtre. Elles forment ce qu'on appelle une solution.

Comment séparer les solutions?

L'eau salée est une solution. Mets-en une goutte sur une soucoupe. Laisse l'eau s'évaporer (voir p.10-11).

Que reste-t-il? Goûte pour voir.*

Peux-tu séparer d'autres solutions de cette manière?

Les aliments instantanés

Beaucoup d'aliments contiennent de l'eau. La soupe, le lait et les pommes de terre sont souvent séchés et conservés sous forme de poudre. Lorsqu'on veut les manger, on les mélange de nouveau avec de l'eau.

**Ne goûte jamais rien sans être sûr que tu peux le manger.*

L'eau source d'énergie

L'eau descend presque toujours vers le bas. Sa force peut entraîner certains objets.

Fabrique une roue à eau

Tu auras besoin de:
2 boîtes à œufs en plastique,
2 petites assiettes en carton,
une agrafeuse, des ciseaux,
2 bobines de fil, un crayon,
2 longues règles plates,
de la pâte à modeler et
du Scotch.

Découpe les compartiments des boîtes à œufs*. Agrafe-les sur une assiette (voir croquis), puis sur l'autre.

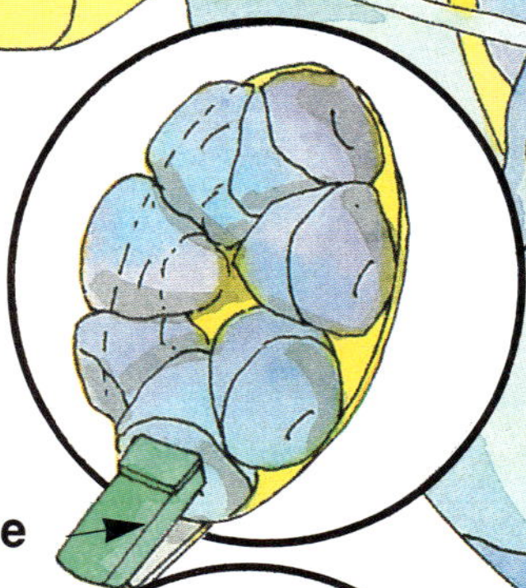

Fais passer le crayon à travers les deux assiettes. Puis enfonce les bobines de fil à chaque extrémité du crayon (voir ci-contre).

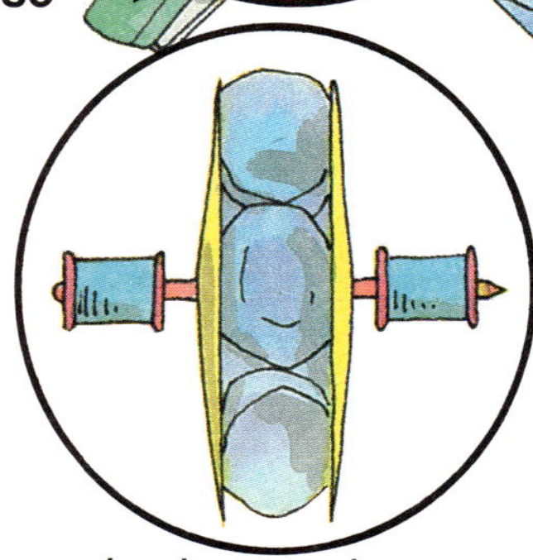

Attache une règle sous chacune des bobines avec du Scotch. Installe l'ensemble sur un grand bol. Verse de l'eau sur la roue et regarde ce qui se passe.

*Tu n'auras peut-être pas besoin de tous les compartiments.

De l'eau pour les machines

Autrefois, on utilisait des roues à eau pour faire fonctionner les moulins et moudre le blé en farine.

Aujourd'hui, on se sert de l'eau pour produire de l'électricité grâce à des machines. L'eau fait tourner d'énormes roues appelées turbines. Les turbines permettent aux machines de fonctionner.

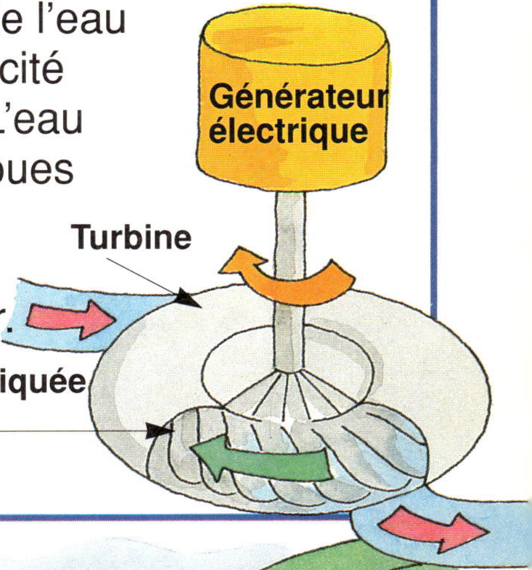

Voici comment est fabriquée l'électricité dans les centrales hydro-électriques.

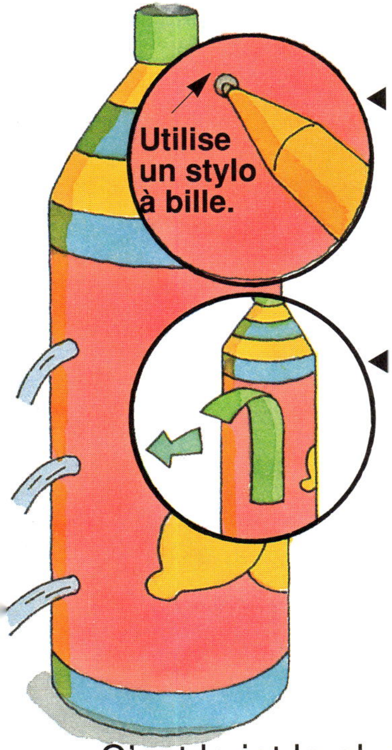

Jets d'eau

◀ Ote le bouchon d'une bouteille en plastique souple*. Perce trois trous dans la bouteille, l'un au-dessus de l'autre.

◀ Colle un morceau de Scotch sur les trous. Remplis la bouteille d'eau. Puis arrache le ruban d'un coup sec.

Observe les jets d'eau. Lequel va le plus loin?

C'est le jet le plus bas: toute l'eau située au-dessus fait pression sur lui.

**Demande à un adulte de t'aider à enlever le bouchon.*

Les conduites d'eau

Les conduites des centrales hydro-électriques acheminent l'eau depuis le fond d'un lac ou d'un réservoir. Plus ces conduites sont profondes, plus l'eau les parcourt vite.

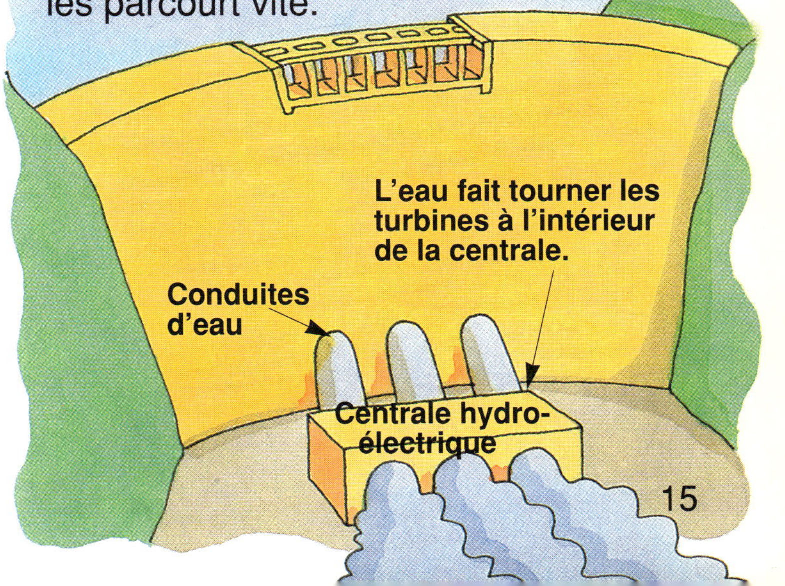

Quelques tours avec l'air et l'eau

Ce qui nous paraît vide est en fait plein d'air. L'eau doit pousser l'air hors d'un récipient avant d'y entrer.

Le truc du mouchoir

Tu penses pouvoir garder un mouchoir sec sous l'eau? Essaie ceci.
Pour commencer, place un mouchoir en papier au fond d'un verre en appuyant bien pour qu'il ne puisse pas tomber.

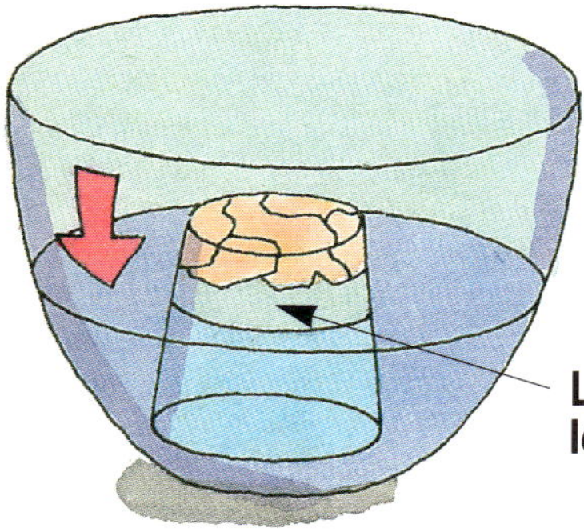

◀ Retourne le verre et enfonce-le dans de l'eau.

L'eau remplit-elle le verre?

Retire le verre ▶ de l'eau. Le mouchoir est-il mouillé?

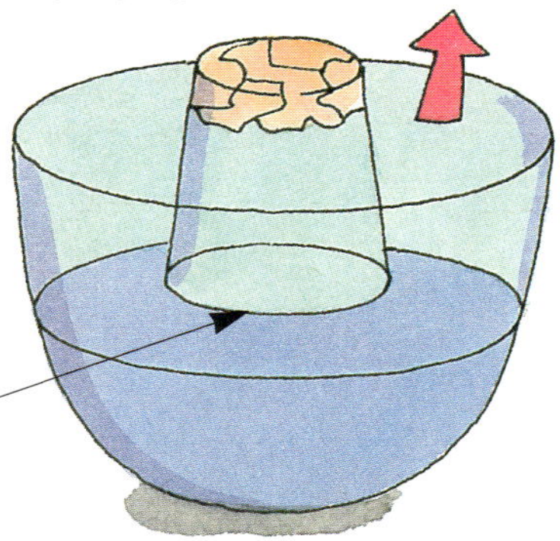

Tiens le verre droit.

Ce truc fonctionne parce que le verre est plein d'air. L'eau ne parvient pas à le faire sortir et le mouchoir reste sec. Mais que se passe-t-il si tu inclines le verre?

Le pot magique

Prends un pot en plastique vide muni

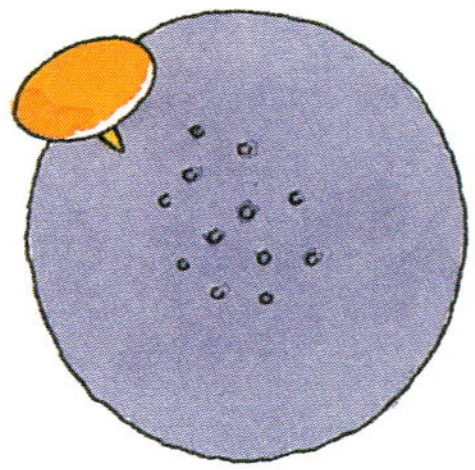

d'un couvercle qui ferme bien. Avec une punaise, fais des trous dans le fond.

Retire le couvercle et enfonce le pot dans l'eau. Maintenant, remets le couvercle.

Que se passe-t-il si tu retires le pot de l'eau?

Est-ce que l'eau coule?

L'air essaie de rentrer par les trous. Et il pousse si fort que l'eau ne peut sortir.

Maintenant, perce le couvercle avec un stylo à bille. L'air peut rentrer par le haut et pousse l'eau située au-dessous.

Que se passe-t-il si tu places ton doigt sur le trou?

Vers le haut!

Peux-tu faire couler de l'eau vers le haut?

1. Pose un verre dans l'évier. Place l'une des extrémités d'un tube en plastique dans le verre. Place l'autre extrémité sous un robinet pour remplir le verre. ▶

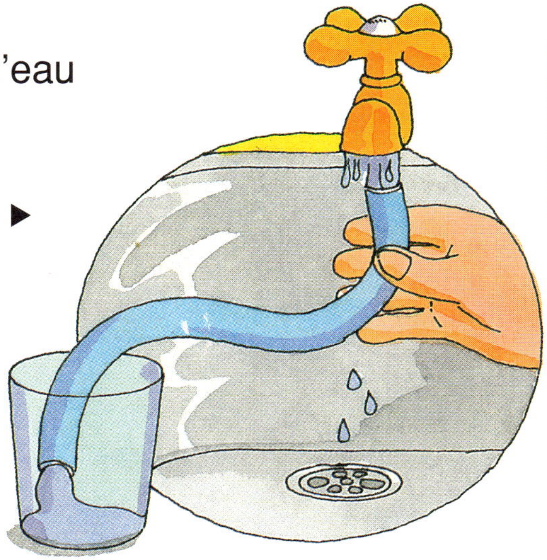

◀ 2. Place ton doigt sur le haut du tube pour maintenir l'eau à l'intérieur. Avec l'autre main, pose le verre sur le bord de l'évier.

3. Courbe le tube jusqu'à ce que ton doigt soit plus bas que le verre. Retire ton doigt. ▶

L'eau va remonter du verre dans le tube et ressortir à l'autre extrémité. Sais-tu pourquoi?

Essaie de nouveau si tu n'y arrives pas du premier coup.

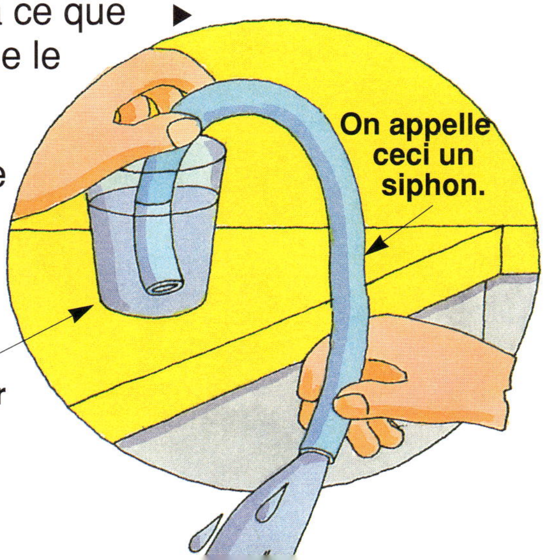

Comment fonctionne le siphon?

Lorsque l'eau ressort par une extrémité, l'air force l'eau à remonter par l'autre extrémité. Et cela continue jusqu'à ce qu'il ne reste plus d'eau.

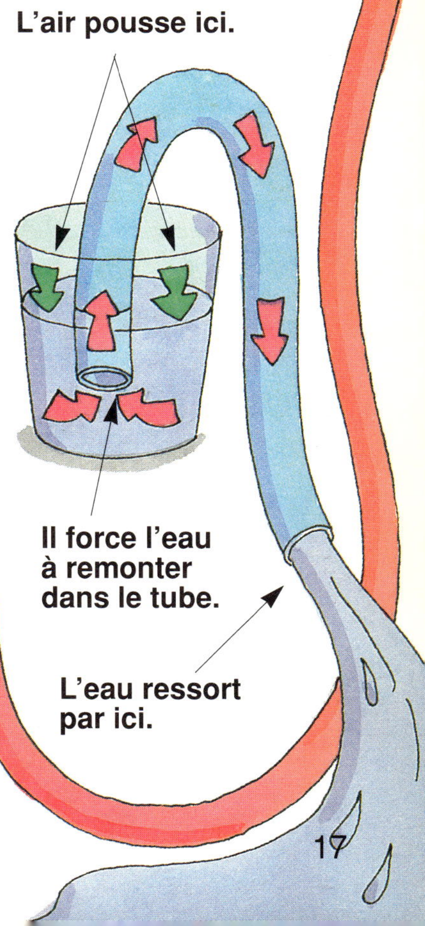

Les matériaux absorbants

Certains objets absorbent - boivent - l'eau, d'autres pas.

Penses-tu que l'eau sera absorbée par les objets suivants?

Mouille différents objets

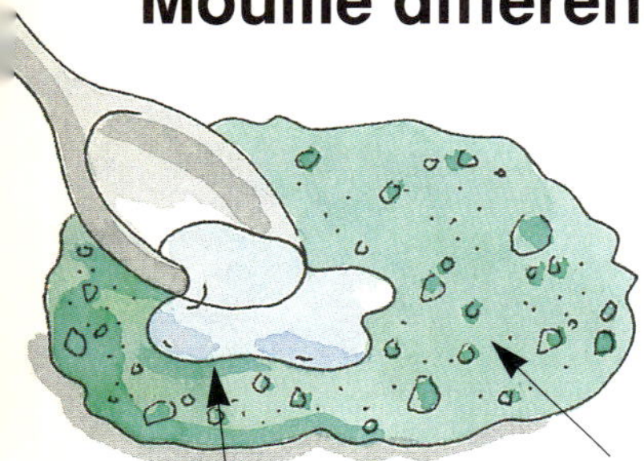

Verse une cuillerée d'eau sur une éponge sèche. Qu'arrive-t-il à l'eau?

Verse de l'eau sur d'autres objets. Inscris les résultats sur un tableau.

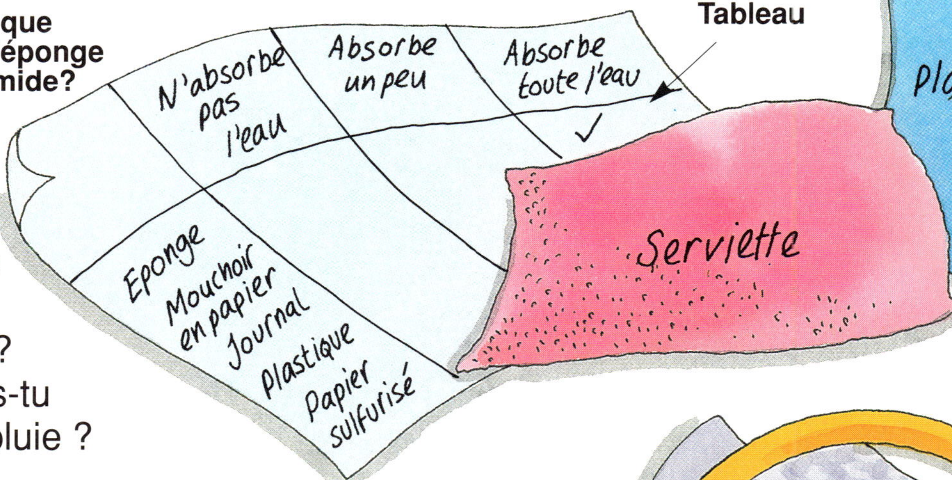

Si tu renverses de l'eau, avec quoi peux-tu l'essuyer ? Avec quoi pourrais-tu fabriquer un parapluie ?

Regarde de près

Observe avec une loupe les matériaux qui absorbent l'eau.

Tu aperçois de minuscules espaces? C'est par là que passe l'eau.

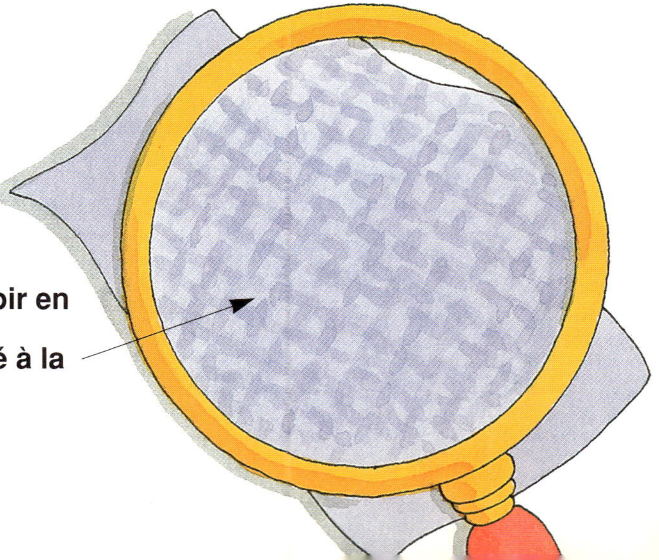

L’eau qui monte

L’eau peut-elle monter?

Trempe une bande de papier essuie tout dans de l’eau. Regarde ce qui se passe.

L’eau et le céleri

Verse quelques gouttes d’encre dans un verre d’eau. Coupe l’extrémité d’une branche de céleri. Examine de près l’intérieur de la branche.

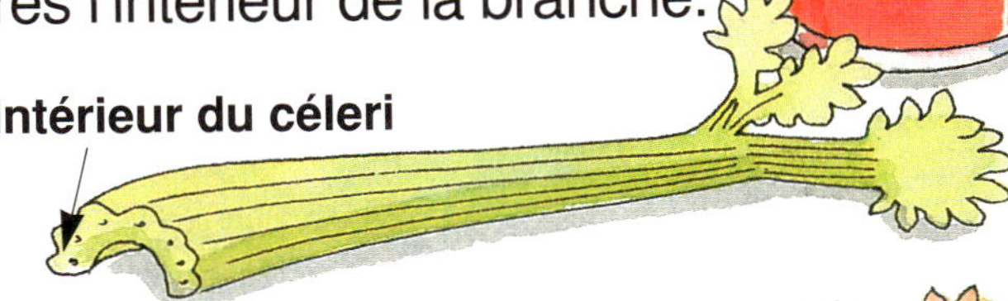

Laisse tremper la branche de céleri dans le verre pendant trois jours. Que se passe-t-il?

Coupe la branche de céleri en tranches. Cherche les taches d’encre. Elles révèlent les endroits par où l’eau est montée.

Comment les plantes boivent-elles?

Une plante a des racines dans la terre. Elles comportent de petits trous.

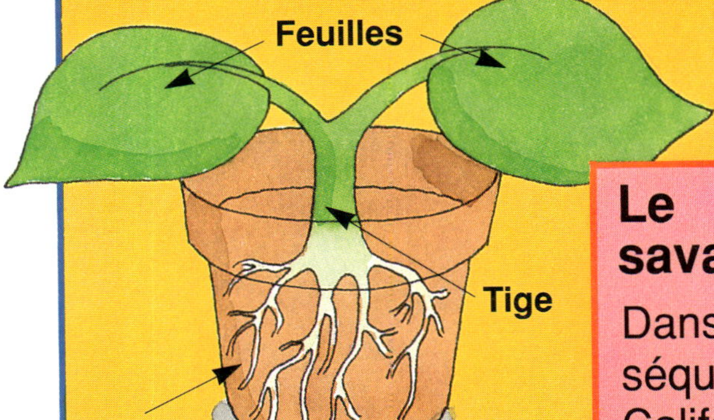

L’eau contenue dans la terre entre dans les racines. Elle est aspirée jusqu’aux feuilles par de minuscules tubes situés dans la tige.

Le savais-tu?

Dans les séquoias de Californie, l’eau doit monter cent mètres pour atteindre la feuille la plus haute.

L'eau gelée

Lorsque l'eau devient très froide, elle gèle et se transforme en glace.

Les différences

Observe un glaçon. En quoi est-il différent de l'eau?

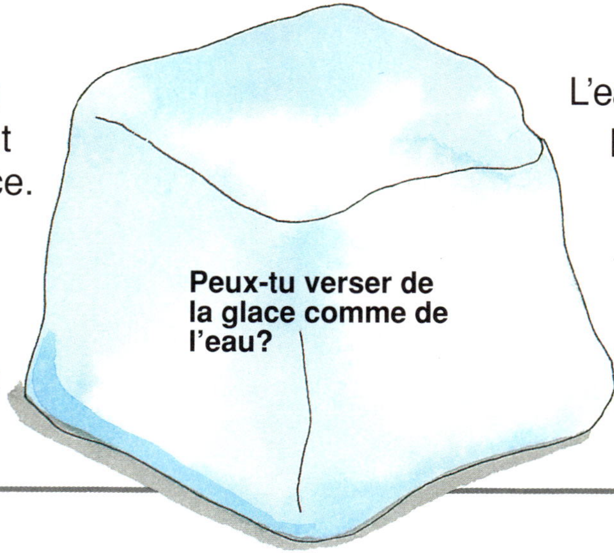

L'eau peut changer de forme parce que c'est un liquide. Mais la glace a une forme unique, sauf si elle fond et redevient de l'eau.

Tout ce qui conserve sa forme, comme la glace, s'appelle un solide.

Plus d'espace

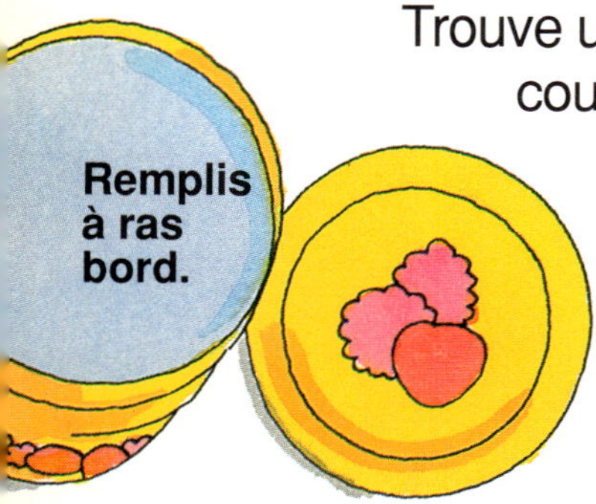

Trouve un pot en plastique avec un couvercle. Remplis-le d'eau et mets le couvercle dessus. Demande si tu peux le mettre au congélateur. Que se passe-t-il une fois que toute l'eau s'est transformée en glace?

La glace prend plus de place que l'eau. Elle soulève le couvercle quand elle devient plus volumineuse que le pot.

Est-ce que la glace flotte?

Mets de la glace dans un bol rempli d'eau pour voir si elle flotte.

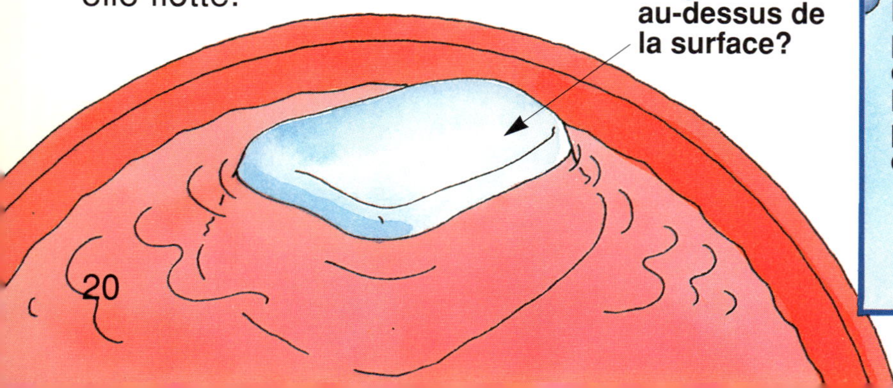

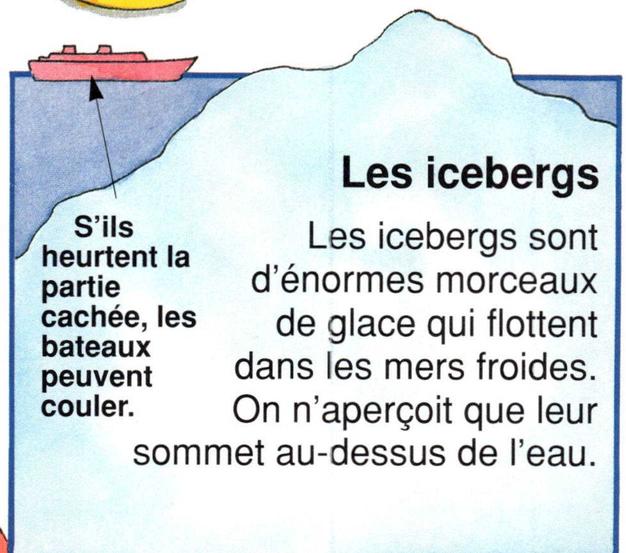

Les icebergs

Les icebergs sont d'énormes morceaux de glace qui flottent dans les mers froides. On n'aperçoit que leur sommet au-dessus de l'eau.

Quand la glace fond

La glace fond quand elle se réchauffe.

Essaie pour voir si tu as raison.

Devine ce qui se passe quand on met un glaçon dans de l'eau froide, un autre dans de l'eau chaude et un troisième sur une assiette.

Sers-toi d'une montre pour mesurer le temps écoulé.

Faire fondre sans chaleur

Essaie de verser du sel sur un glaçon.

Qu'arrive-t-il au sel?

Le sel se mélange avec la glace. La glace salée fond vite, car elle fond à des températures plus basses que la glace normale.

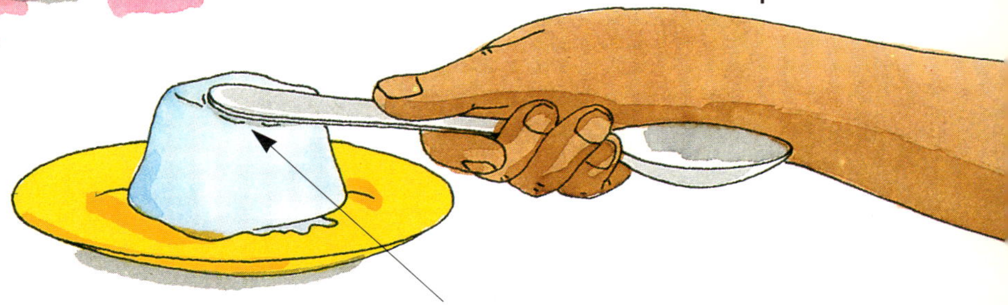

Appuie sur un glaçon avec le manche d'une cuiller.

Que se passe-t-il ici?

La glace fond toujours sous la pression.

Pourquoi la glace est-elle glissante?

La glace fond sous la pression de tes pieds. Une mince couche d'eau se forme sous tes chaussures. Elles n'adhèrent plus au sol et tu glisses.

Notes à l'intention des parents et des enseignants

Ces notes fournissent des explications plus détaillées à propos des questions scientifiques abordées dans ce livre.

Expériences avec l'eau (pages 2-3)
Comme tous les liquides, l'eau coule, change de forme pour s'adapter à tout récipient, conserve le même volume et se met d'elle-même en position plane.

Ce qui flotte (pages 4-5)
Quand un objet est plongé dans l'eau, son volume déplace un volume de liquide égal au sien. L'eau résiste, exerçant une force appelée poussée ascendante. Si l'objet est lourd, il arrive que son poids l'emporte sur cette force, et l'objet coule. S'il est suffisamment léger, il flotte.

Il est possible de faire en sorte qu'un objet déplace encore plus d'eau dans un récipient en modifiant sa forme. La pâte à modeler en forme de bateau occupe plus d'espace que la boule. Cela accroît la poussée ascendante, qui maintient la pâte à modeler à flot.

Amuse-toi avec les bateaux (pages 6-7)
Un bateau s'enfonce dans l'eau jusqu'à ce qu'il déplace un poids d'eau égal au sien. Lorsqu'il est chargé, le bateau s'enfonce encore davantage dans l'eau, jusqu'à ce qu'il déplace un poids d'eau égal au sien plus celui de sa cargaison.

L'eau salée pèse plus lourd que l'eau douce. Un bateau doit déplacer moins d'eau salée pour contrebalancer son poids. Il flotte donc plus haut dans de l'eau salée. Il peut également transporter plus de marchandises.

La "peau" de l'eau (pages 8-9)
Comme toutes les substances, l'eau est constituée de particules infimes appelées molécules. Les molécules d'eau sont plus resserrées à la surface. Cela permet à l'eau de résister à des pressions légères, un peu comme une peau. C'est ce qu'on appelle la tension de surface.

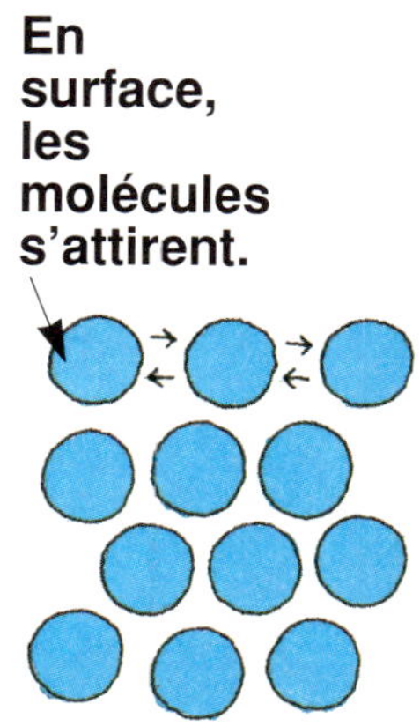

L'eau qui disparaît (pages 10-11)
Les molécules se déplacent constamment dans un liquide. Elles se détachent souvent les unes des autres et s'échappent alors sous forme de gaz (évaporation). La chaleur donne aux molécules davantage d'énergie, aussi se déplacent-elles plus vite et se détachent-elles plus facilement.

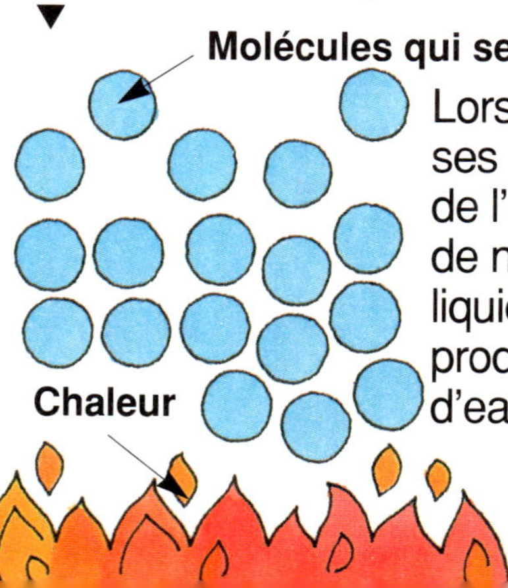

Lorsqu'un gaz refroidit, ses molécules perdent de l'énergie et peuvent de nouveau former un liquide. C'est ce qui se produit quand la vapeur d'eau se condense.

Mélanges (pages 12-13)
L'eau se mélange à diverses autres substances.

Les solutions
Une solution est constituée lorsqu'une substance telle que le sel, par exemple, se dissout dans de l'eau. Ses molécules se dispersent parmi les molécules de l'eau, de façon à bien se mélanger.

Les suspensions et les émulsions
Une suspension se forme quand une substance poudreuse, telle que le sable fin, ne se dissout pas. Ses particules demeurent assez grosses pour être visibles. Il est facile de les filtrer.

Un liquide qui refuse de se mélanger avec l'eau, comme l'huile, peut former une émulsion. Il reste en suspension dans l'eau sous forme de gouttelettes.

L'eau source d'énergie (pages 14-15)
L'eau coule vers le bas à cause de la pesanteur (l'attraction terrestre). La force de son courant peut servir à faire fonctionner certaines machines.
La force de ce courant dépend aussi de la profondeur de l'eau. Plus l'eau est profonde, plus elle subit de pression (exercée par la quantité d'eau située au-dessus d'elle).

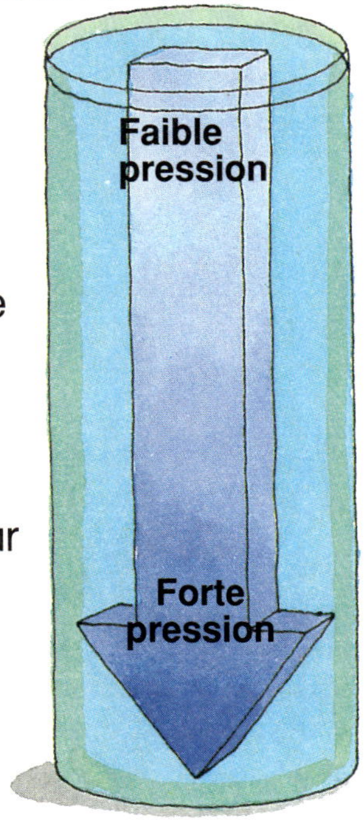

Quelques tours avec l'air et l'eau (pages 16-17)

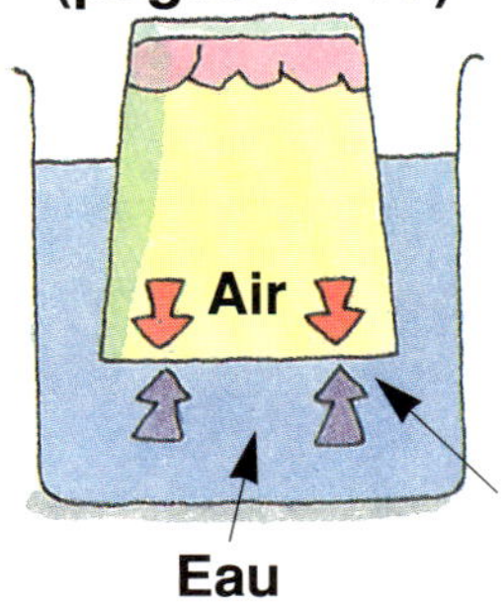

Lorsqu'un verre est renversé et enfoncé dans l'eau, un peu d'air est emprisonné à l'intérieur. La pression de l'air contrebalance la pression de l'eau à l'extérieur du verre.

L'eau compresse l'air mais ne peut pas le traverser.

Les matériaux absorbants (pages 18-19)
Il arrive que les molécules d'eau soient davantage attirées par d'autres substances qu'elles ne le sont les unes par les autres. Cette attraction permet à l'eau de pénétrer très profondément dans certaines substances. C'est ce qu'on appelle l'action capillaire.

L'action capillaire pousse l'eau à monter dans les plantes. Les plantes, quant à elles, permettent à l'eau de s'évaporer de leurs feuilles, ce qui aide à "aspirer" l'eau vers le haut.

L'eau gelée (pages 20-21)
Quand l'eau devient très froide, les molécules se fixent les unes aux autres pour former un solide (la glace). La chaleur donne aux molécules l'énergie qui leur est nécessaire pour se libérer et se changer en liquide. Ce phénomène se produit également si une pression est appliquée sur la glace.

Index

Imprimé en Belgique.

SCIENCE ACTIVE
LES AIMANTS

Helen Edom

Conception : Radhi Parekh et Diane Thistlethwaite
Illustrations : Simone Abel

Experts-conseils : Joan et Maurice Martin
Traduction : Roxane Jacobs

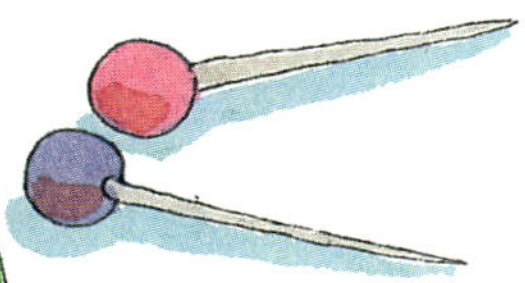

Sommaire

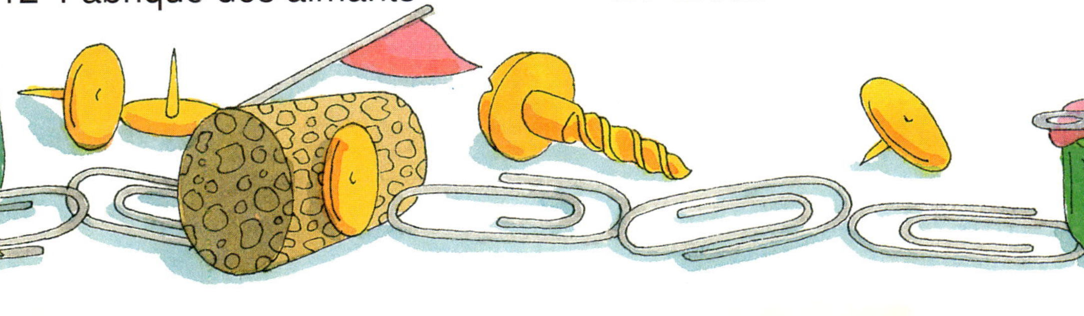

A quoi sert un aimant?

Les expériences et les jeux présentés dans ce livre t'aideront à comprendre tout ce qu'on peut faire avec les aimants. Tu pourras te servir de n'importe quel aimant, mais pour certaines activités tu auras besoin de barreaux aimantés.

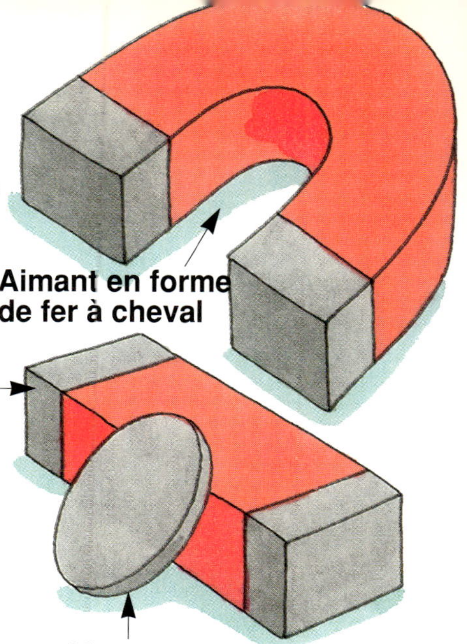

Le test d'attraction

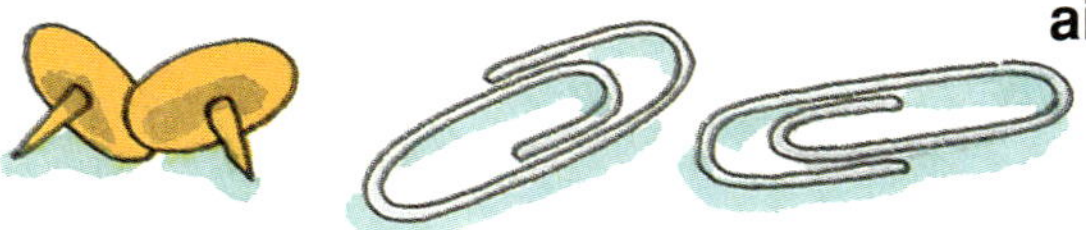

Les aimants attirent certains objets, mais pas tous. Rassembles-en plusieurs pour les tester avec ton aimant.

Voici quelques suggestions. Inscris les résultats sur un tableau.

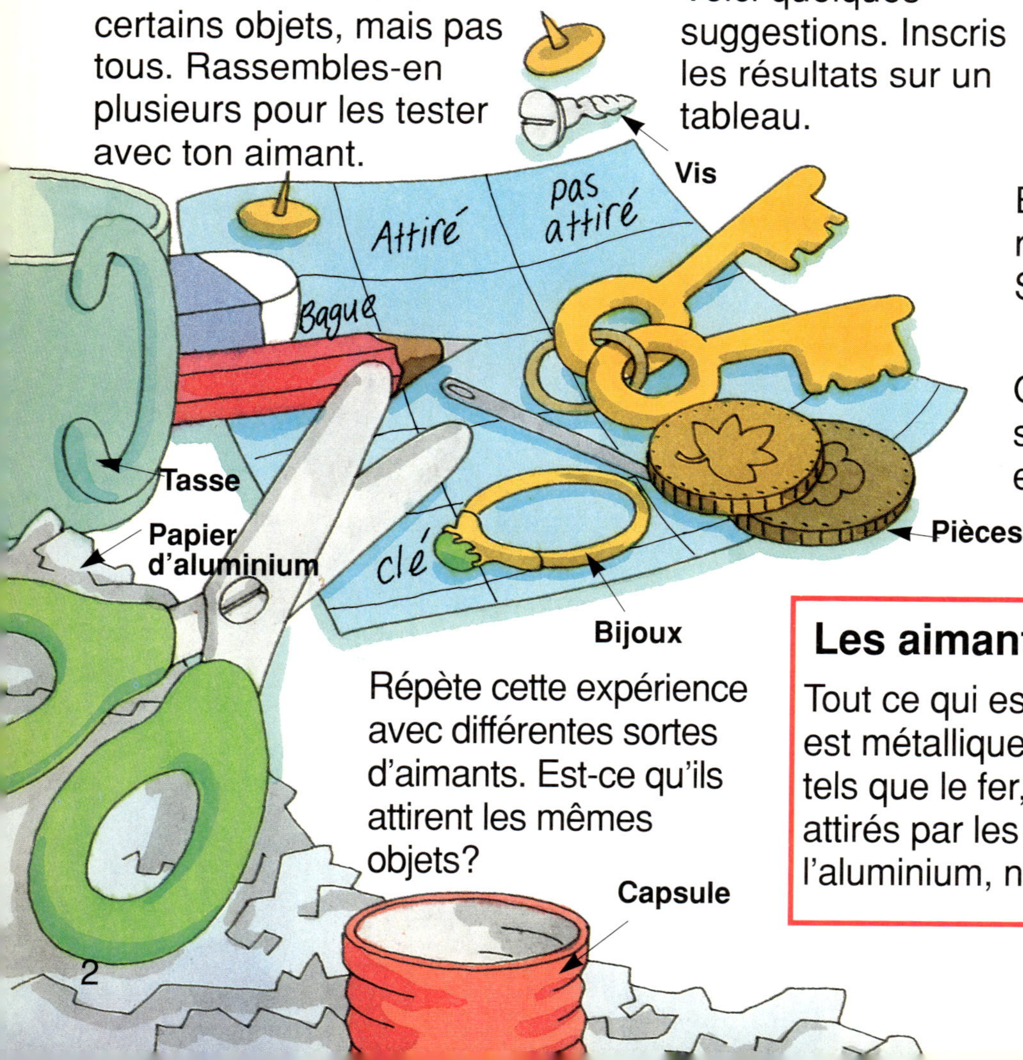

Examine les objets qui restent collés sur l'aimant. Sont-ils tous métalliques?

Observe les objets qui ne sont pas attirés. L'un d'entre eux est-il métallique?

Répète cette expérience avec différentes sortes d'aimants. Est-ce qu'ils attirent les mêmes objets?

Les aimants et les métaux

Tout ce qui est attiré par un aimant est métallique. Mais seuls les métaux tels que le fer, l'acier et le nickel sont attirés par les aimants. D'autres, tel l'aluminium, ne sont pas attirés.

Les aimants utiles

Essaie de trouver chez toi des aimants dont on se sert.

Parfois, les aimants servent à tenir fermée une porte de placard.

Des caractères aimantés peuvent servir à former des mots sur une porte métallique.

Trie les boîtes de conserve

La plupart des boîtes de conserve sont faites en aluminium ou en acier. Applique un aimant sur plusieurs d'entre elles. Celles qui ne sont pas attirées sont en aluminium.

On fait fondre les vieilles boîtes de conserve pour pouvoir réutiliser le métal. Grâce aux aimants, on peut les trier afin de faire fondre l'aluminium séparément.

Le jeu des chaussettes

Pour ce jeu, tu peux utiliser la force d'attraction de tes aimants.

Il te faut : 2 aimants, du fil, du papier, des peintures ou des crayons, du Scotch, des ciseaux, des trombones, un grand carton.

Découpe le papier en forme de chaussettes. Colorie les chaussettes deux par deux pour que chaque paire soit différente. Glisse un trombone sur chaque chaussette.

Jette toutes les chaussettes dans le carton. Colle un fil sur chaque aimant à l'aide de Scotch. Avec un ami, plongez chacun à votre tour un aimant dans le carton pour y pêcher une chaussette.

La force d'attraction

Les aimants attirent certains objets métalliques.

Le test d'attraction

Essaie de déterminer la distance depuis laquelle ton aimant peut attirer une épingle.

Pose une règle plate sur une table.

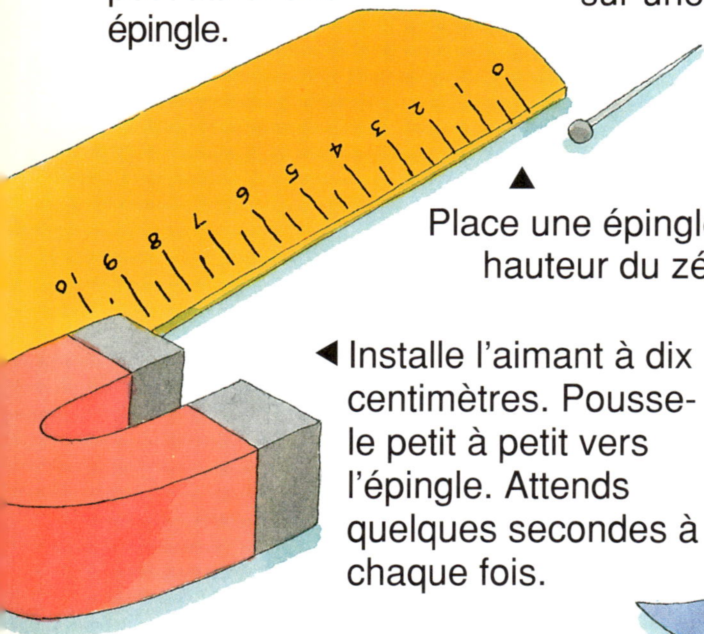

▲ Place une épingle à hauteur du zéro.

◀ Installe l'aimant à dix centimètres. Pousse-le petit à petit vers l'épingle. Attends quelques secondes à chaque fois.

Lorsque l'épingle vient se coller contre l'aimant, mesure la distance qu'elle a parcourue.

▼

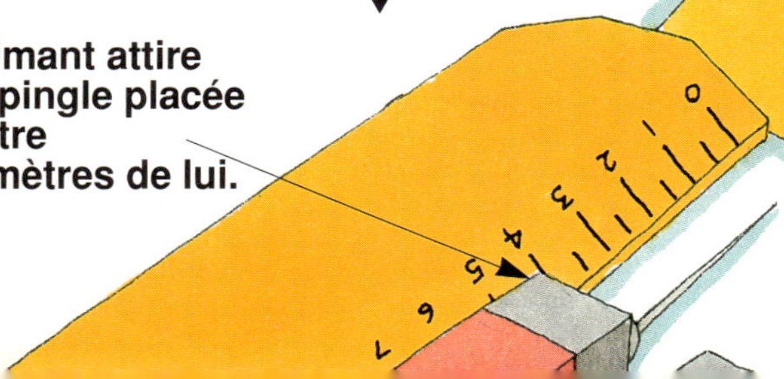

Cet aimant attire une épingle placée à quatre centimètres de lui.

Les utilisations de la force d'attraction

Les ouvriers qui travaillent avec de l'acier reçoivent parfois des éclats de métal dans les yeux. Les médecins utilisent un aimant spécial pour retirer ces éclats.

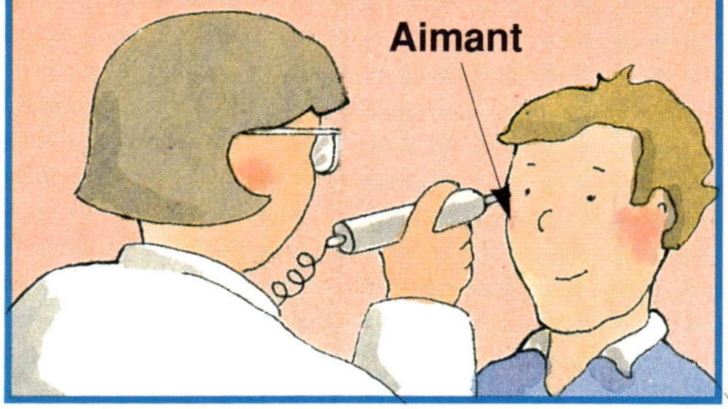

Aimant

Répète la même expérience avec le plus d'aimants possible. Repère celui qui attire l'épingle depuis la plus longue distance.

Tu peux reporter tes résultats sur un tableau comme celui-ci.

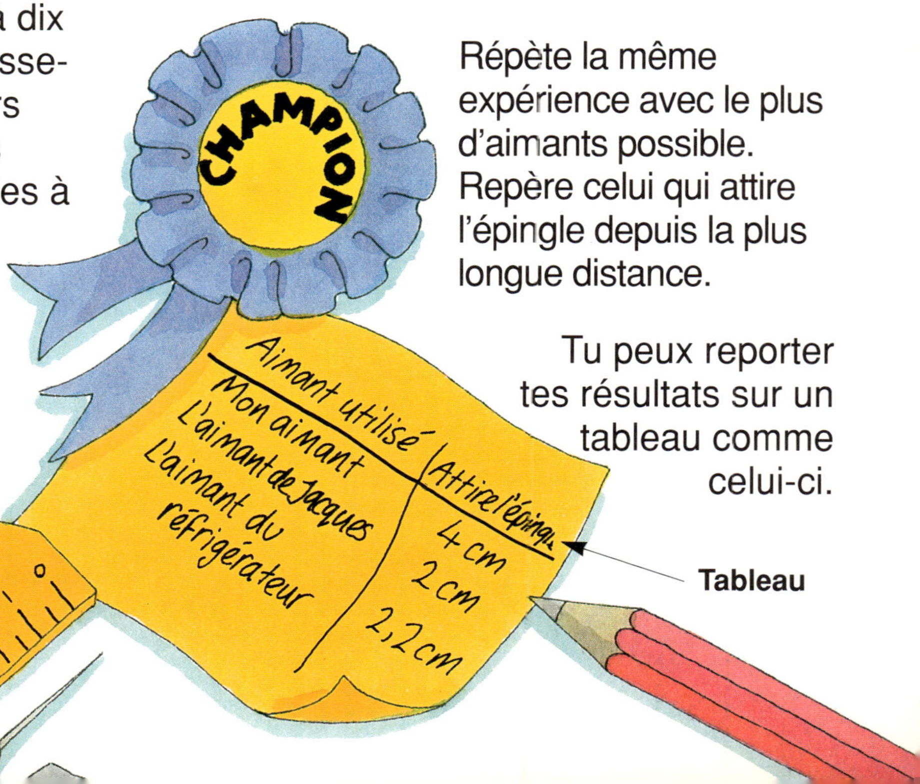

Tableau

La force

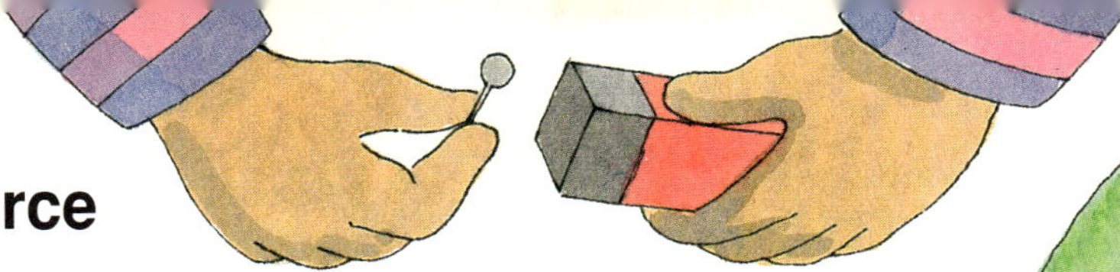

Les aimants déplacent les objets à l'aide d'une force invisible. On l'appelle la force magnétique.

Essaie d'arracher une épingle collée sur un aimant. Tu sens la force magnétique qui retient l'épingle? Il faut que tu tires plus fort que l'aimant.

La pesanteur

La Terre essaie de tout attirer vers son centre. On appelle cette force d'attraction la pesanteur. Il te faut lutter contre elle lorsque tu soulèves des objets.

L'attraction vers le haut

Place la règle à la verticale contre le rebord d'une table de sorte que le zéro se trouve à la hauteur du dessus de la table. Pose une épingle contre le zéro.

Le Scotch aide à maintenir la règle verticale.

Fais glisser lentement ton aimant le plus puissant le long de la règle jusqu'à ce que l'épingle saute. Note le nombre de centimètres entre l'aimant et le dessus de la table.

L'aimant ne peut plus attirer l'épingle d'aussi loin. En effet, une autre force essaie d'attirer l'épingle vers le bas. C'est la pesanteur (voir en haut à droite).

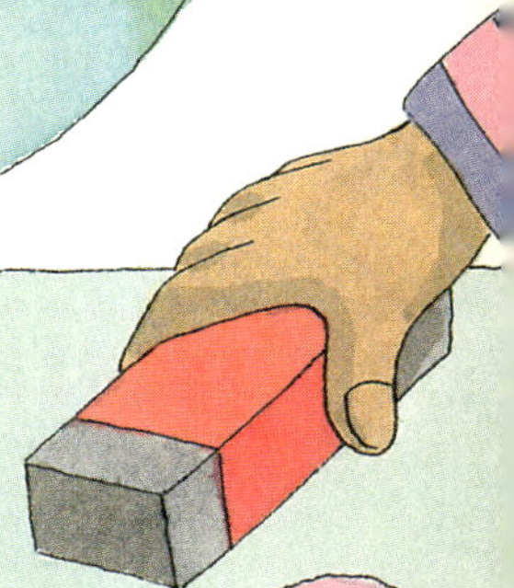

Le papillon volant

Découpe une forme de papillon dans un morceau de papier de soie. Glisse un trombone dessus.

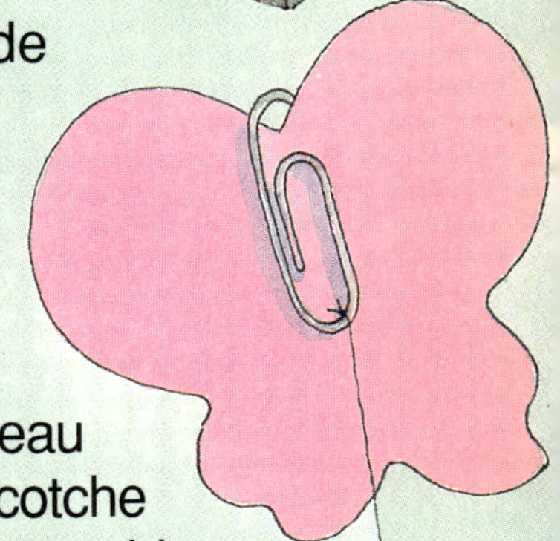

Attache l'une des extrémités d'un morceau de fil au trombone. Scotche l'autre extrémité sur une table.

Essaie de faire voler le papillon sans que l'aimant touche le trombone.

La pesanteur essaie d'attirer le trombone vers le bas.

Aimanter à travers des objets

Effectue les expériences suivantes pour voir si tu peux empêcher un aimant de fonctionner.

Le blocage

Place une feuille de papier sur deux piles de livres. Pose des trombones sur le dessus.

Tu peux scotcher l'aimant sur un crayon.

Pose d'autres livres sur la feuille pour la maintenir en place.

Passe un aimant sous la feuille. Est-ce que tu peux faire bouger les trombones?

L'aimant fonctionne à travers le papier. Essaie de voir s'il fonctionne à travers d'autres objets.

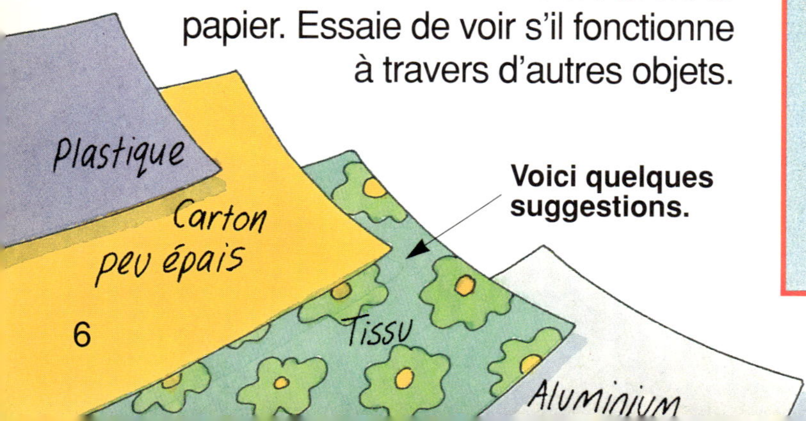

Voici quelques suggestions.

Du métal qui colle

Trouve un couvercle métallique qui colle à l'aimant. Place un trombone dessus. Regarde si l'aimant peut faire bouger le trombone à travers le couvercle.

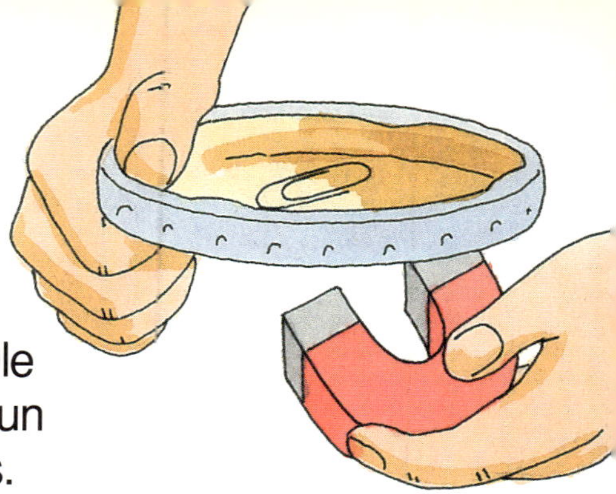

A la place, tu peux te servir d'un moule à tarte.

Il est difficile de faire bouger le trombone. En effet, le fer ou l'acier contenu dans le couvercle emprisonne la force magnétique.

L'armature

Parfois, dans les magasins, on place un morceau de fer sur certains aimants. C'est ce qu'on appelle une armature.

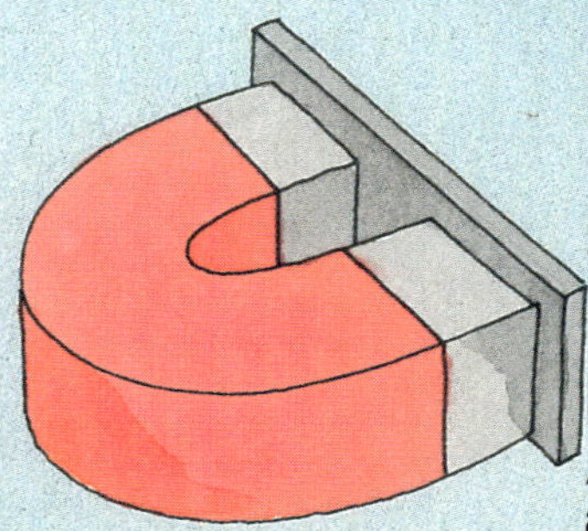

Armature sur un aimant en fer à cheval

Les barreaux aimantés sont stockés en paires maintenues par deux armatures.

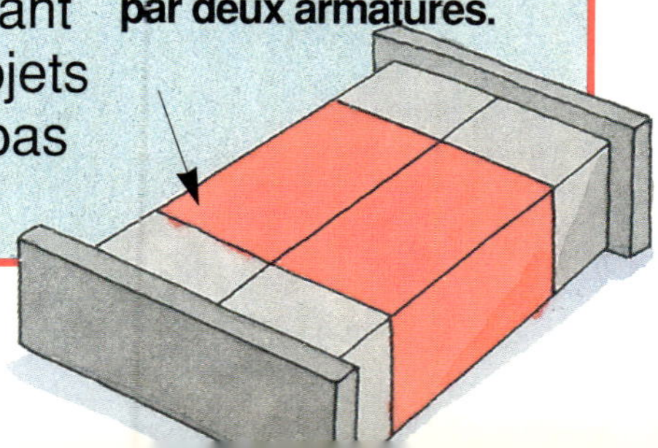

L'armature empêche l'aimant d'attirer des objets quand il n'est pas utilisé.

Amuse-toi avec l'eau

Il te faut :
un aimant,
un plateau ou une boîte en plastique,
des magazines,
des bouchons,
des punaises et de l'eau.

Place le plateau sur deux piles de magazines. Verse de l'eau à l'intérieur. Enfonce une punaise dans chacun des bouchons et pose-les sur l'eau.

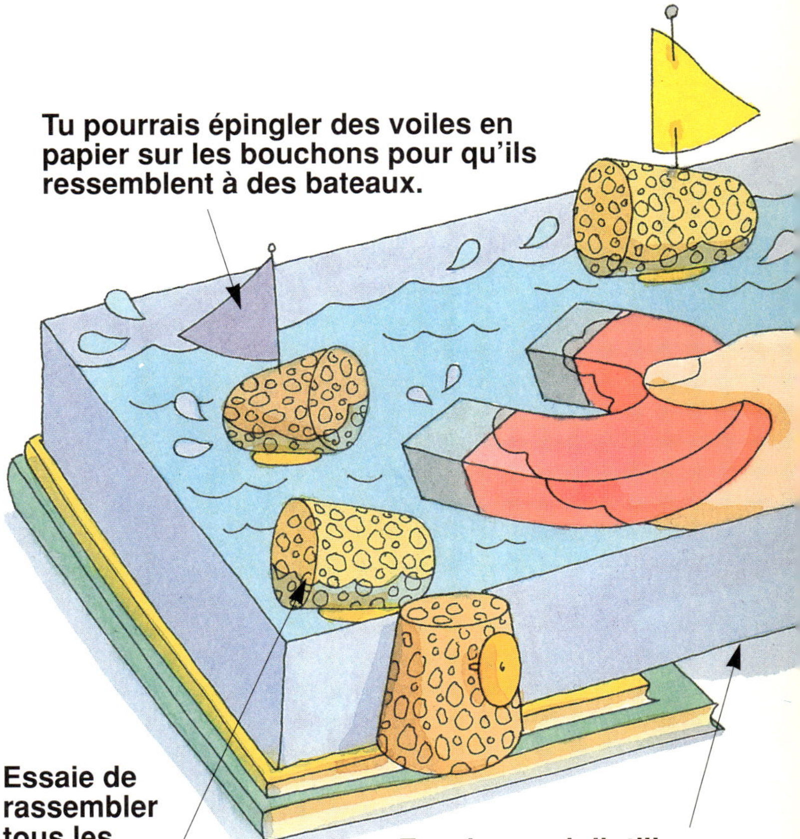

Maintiens l'aimant sous l'eau. Parviens-tu à faire se déplacer les bouchons?

Autre utilisation

Comme les aimants peuvent fonctionner à travers le papier et la peinture, on peut s'en servir pour maintenir en place des messages sur la porte métallique d'un réfrigérateur.

Devinette

Pose une feuille de papier et un clou sur une table. Comment peux-tu te servir de ton aimant pour ramasser la feuille? Les expériences décrites sur cette page devraient te donner des indices.

Si tu n'y arrives pas, va voir la réponse page 24.

La répulsion et l'attraction

Les expériences suivantes t'en apprendront davantage sur la force d'un aimant.

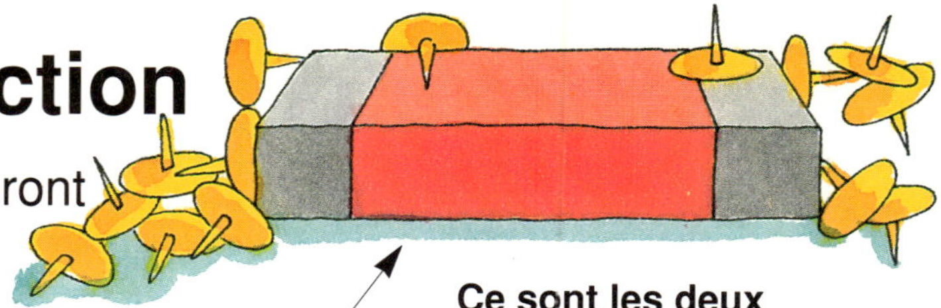

C'est aux extrémités d'un barreau aimanté qu'on trouve le plus d'épingles.

Ce sont les deux faces plates de cet aimant rond qui ont attiré le plus d'épingles.

Quelle partie de l'aimant exerce la force magnétique la plus puissante?

Place un aimant dans une boîte d'épingles. Ressors-le en faisant très attention. Où y a-t-il le plus d'épingles? Répète cette expérience avec toutes sortes d'aimants.

On voit beaucoup d'épingles aux deux extrémités d'un aimant en fer à cheval.

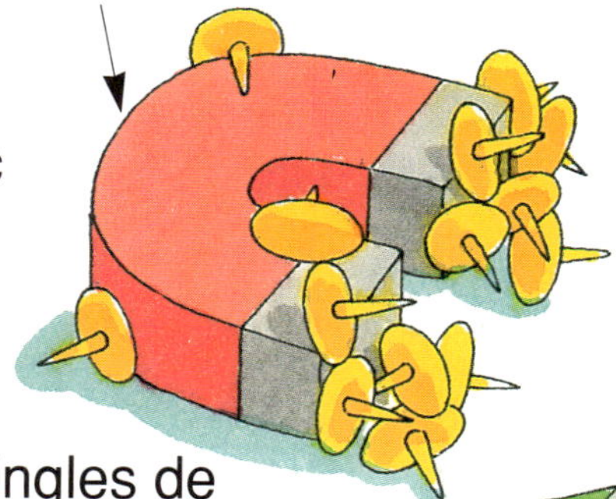

Chaque aimant a deux points forts. On les appelle des pôles. Ils se trouvent aux extrémités opposées.

Au sujet des pôles

Les deux pôles attirent les épingles de la même façon. L'expérience suivante te montrera si les pôles se comportent toujours d'une manière semblable.

1. Place deux barreaux aimantés à 20 centimètres l'un de l'autre. Les extrémités doivent se faire face. Pousse les barreaux l'un vers l'autre.

Que se passe-t-il? ▼

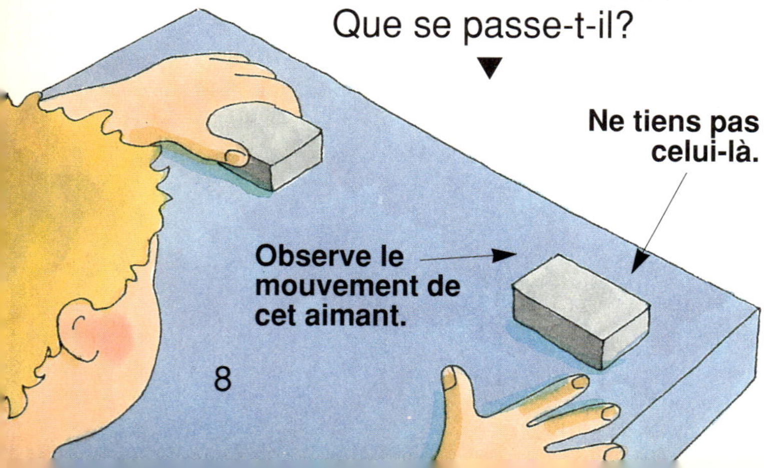

Ne tiens pas celui-là.

Observe le mouvement de cet aimant.

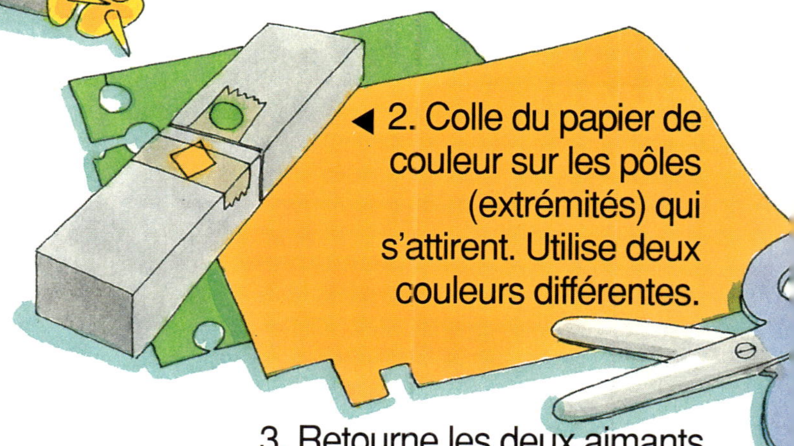

◀ 2. Colle du papier de couleur sur les pôles (extrémités) qui s'attirent. Utilise deux couleurs différentes.

3. Retourne les deux aimants. Les deux autres pôles s'attirent-ils aussi? Fais en sorte que les deux pôles de chaque aimant soient de couleur différente, ◀ comme sur le croquis.

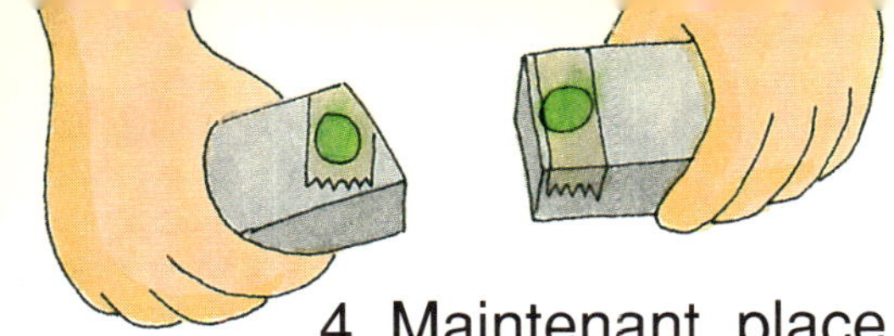

4. Maintenant, place deux pôles de même couleur l'un à côté de l'autre. Tu les sens se repousser l'un l'autre?

Chaque aimant comporte deux types de pôles. On appelle le premier nord et le second sud*. Les pôles du même type se repoussent. Les pôles de type différent s'attirent.

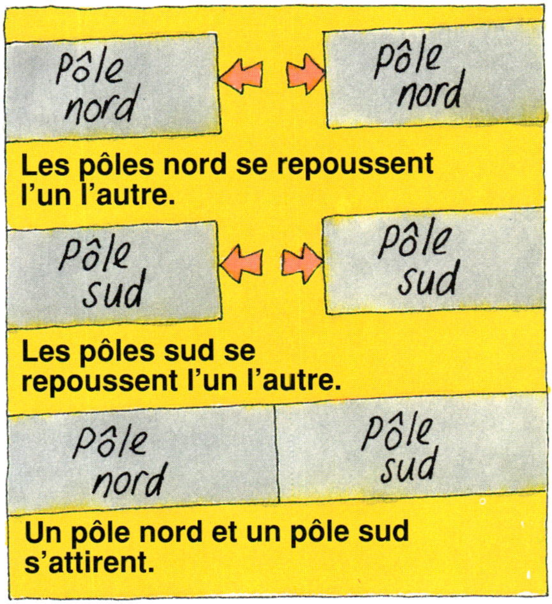

Les pôles nord se repoussent l'un l'autre.

Les pôles sud se repoussent l'un l'autre.

Un pôle nord et un pôle sud s'attirent.

Essaie de placer des aimants de formes différentes ensemble. Peux-tu déterminer quels pôles sont identiques?

** Tu en apprendras plus à ce sujet pages 10 et 11.*

Le jeu du pousse-pousse

Colle un aimant sur le toit d'une voiture miniature. Utilise l'un des pôles d'un autre aimant pour faire avancer la voiture.

A quelle vitesse peux-tu la faire rouler?

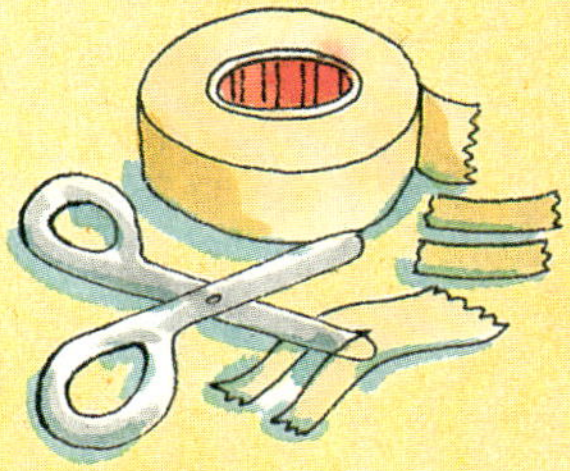

Les aimants flottants

Utilise les aimants dont tu as coloré les pôles. Commence par découper des petites bandes de Scotch.

Pose un crayon sur l'un des aimants. Place l'autre aimant dessus, de sorte que les mêmes couleurs soient l'une à côté de l'autre. Attache les aimants à l'aide du Scotch.

Ne tire pas trop sur le Scotch.

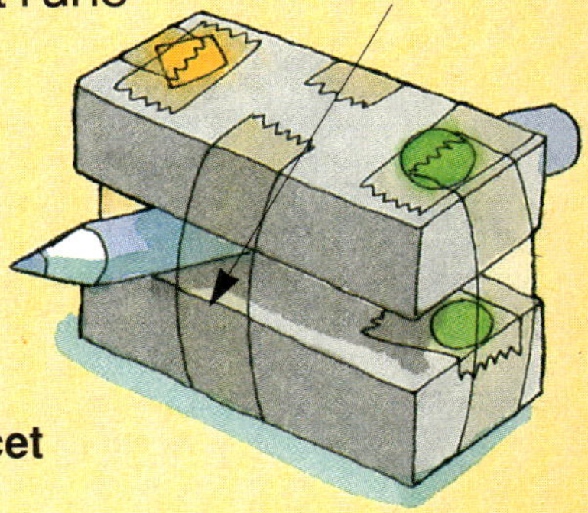

Maintenant, retire le crayon. L'aimant du haut flotte au-dessus de celui du bas.

Appuie sur cet aimant.

Les pôles de même couleur se repoussent. C'est ce qui maintient l'aimant en l'air.

Comment trouver ton chemin

Les aimants aident les marins, les explorateurs et les marcheurs à trouver leur chemin. Voici comment.

Ne pas perdre le nord

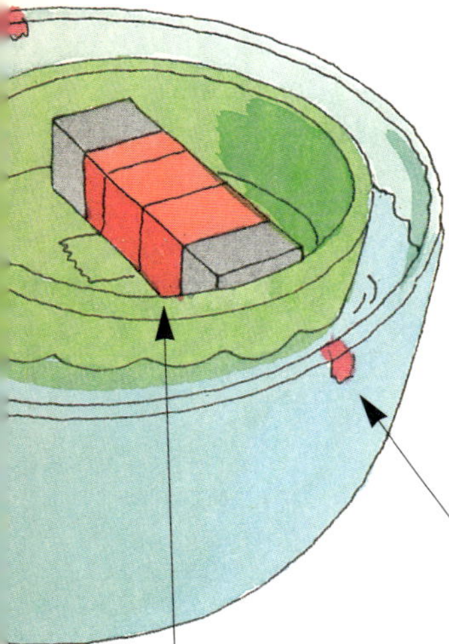

Colle un barreau aimanté au fond d'un pot en plastique. Place le pot dans une jatte remplie d'eau. Laisse le pot se stabiliser.

Trace un repère sur la jatte à hauteur des deux extrémités de l'aimant.

Utilise un feutre pour les repères.

L'aimant se retourne et vient se remettre à la même place.

Fais tourner le pot et lâche-le. Que se passe-t-il?

S'il peut tourner facilement sur lui-même, un aimant se place toujours de façon à indiquer la même direction. Son pôle nord (voir page 9) indique le nord. Son pôle sud indique le sud.

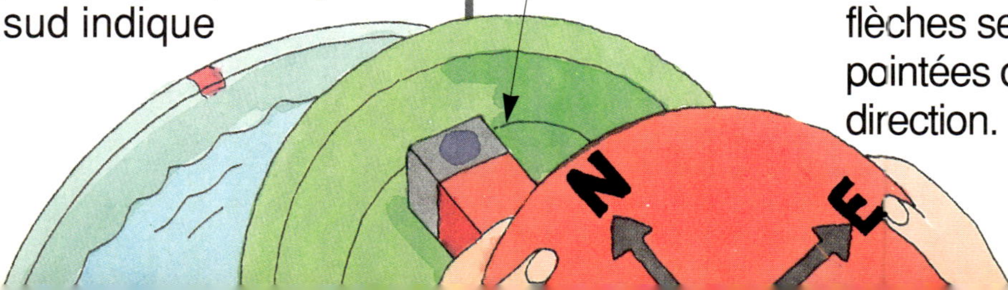

Trouver le nord

Le soleil se lève toujours à l'est et se couche à l'ouest. Si tu te lèves de bonne heure et que tu regardes le soleil de face, le nord est à ta gauche.

Ne regarde jamais directement le soleil. Il pourrait te blesser les yeux.

Marque un repère sur l'extrémité nord de l'aimant avec de la peinture ou un morceau de pâte à modeler.

Fabrique une boussole

Carton

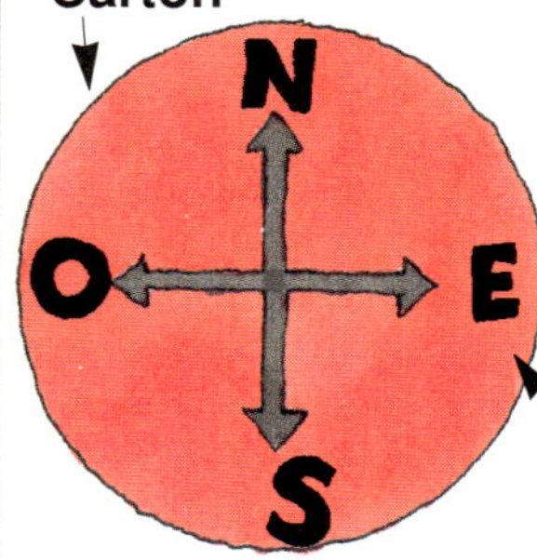

Découpe un cercle de carton qui rentre dans le pot. Indique l'est, l'ouest, le nord et le sud de cette façon.

Ecris la première lettre de chaque mot.

Quand la boussole est terminée, elle montre toujours les bonnes directions.

Place le carton dans le pot de sorte que le "N" se trouve à l'extrémité nord de l'aimant. Toutes les flèches seront alors pointées dans la bonne direction.

Les inventeurs chinois

Ce sont les Chinois qui ont inventé les premières boussoles. Celle-ci contenait un aimant placé à l'intérieur de la fausse tortue.

L'aimant faisait tourner la tortue de façon que sa tête indique le nord.

Comment fonctionne une boussole de marcheur

La boussole d'un marcheur comporte une aiguille magnétique. Elle indique toujours le nord.

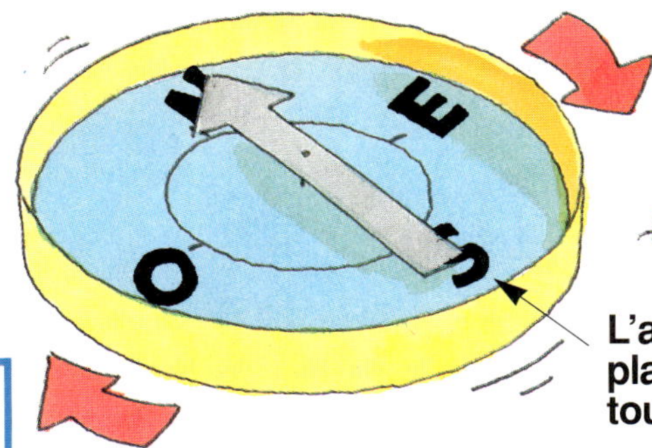

L'aiguille reste en place si l'on fait tourner la boussole.

Pour trouver les autres directions, le marcheur fait pivoter la boussole. Lorsque le N (nord) se trouve sous la pointe de l'aiguille, toutes les flèches sont orientées dans la bonne direction.

Un autre pôle nord

Les pôles nord de tous les aimants pointent en direction d'un endroit précis. Cet endroit s'appelle le pôle nord magnétique de la Terre. Il se trouve au nord de l'Arctique, couvert de glace.

Les explorateurs ont découvert que les boussoles ne fonctionnaient pas au pôle Nord. L'aiguille de la boussole tourne sur elle-même sans jamais s'arrêter.

Devinette

Quelle direction doit prendre ce marcheur pour arriver aux montagnes?

Rappelle-toi que le marcheur doit faire tourner sa boussole pour que le "N" se trouve sous la pointe de l'aiguille.

Réponse page 24.

Fabrique des aimants

Tu peux te servir d'un aimant pour en fabriquer d'autres. Voici différentes façons de procéder.

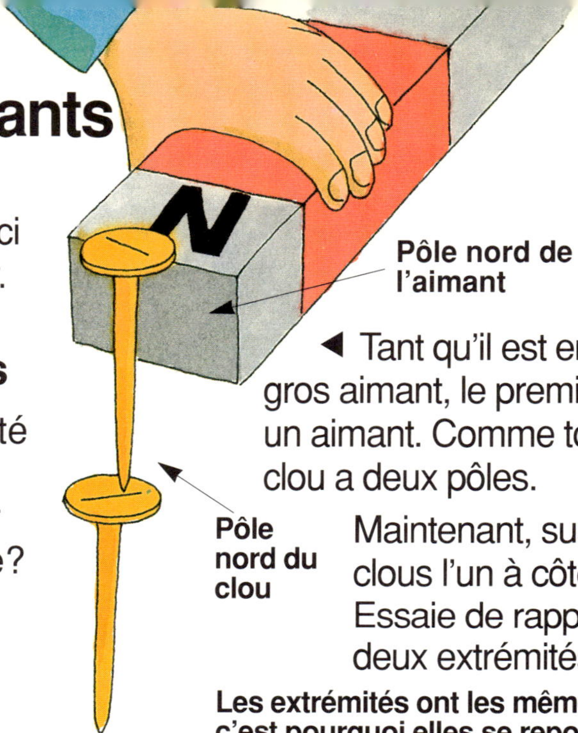

Des aimants suspendus

Suspends un clou à l'extrémité d'un aimant. Puis essaie d'accrocher un autre clou sur le premier. Reste-t-il en place?

Tu peux utiliser des épingles à la place des clous.

◀ Tant qu'il est en contact avec le gros aimant, le premier clou est lui-même un aimant. Comme tous les aimants, le clou a deux pôles.

Maintenant, suspends deux clous l'un à côté de l'autre. Essaie de rapprocher les deux extrémités pointues. ▶

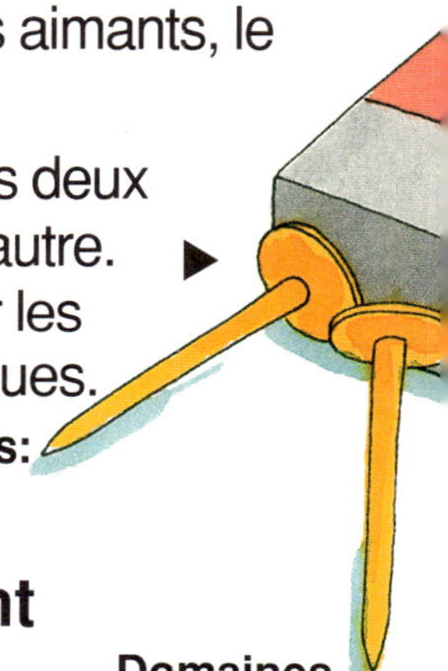

Les extrémités ont les mêmes pôles: c'est pourquoi elles se repoussent.

Un aimant permanent

Frotte l'un des pôles d'un aimant sur une aiguille, puis éloigne l'aimant. Répète l'opération 12 fois.

L'aiguille s'est transformée en aimant permanent. Combien d'épingles attrape-t-elle?

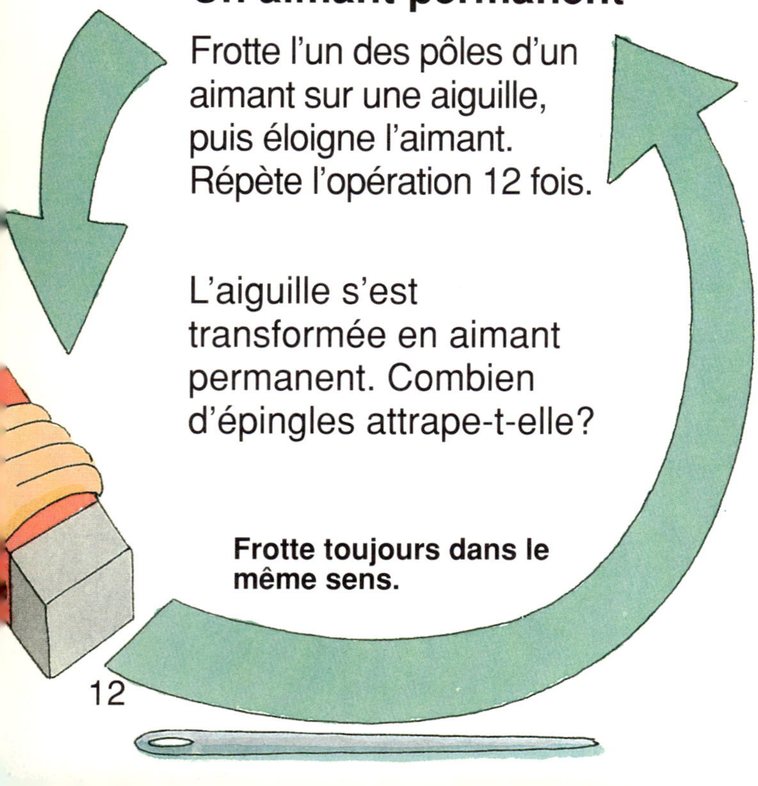

Frotte toujours dans le même sens.

A l'intérieur d'un aimant

Un aimant est composé de nombreuses particules, les domaines, tous alignés dans la même direction. Chaque domaine est comme un mini-aimant.

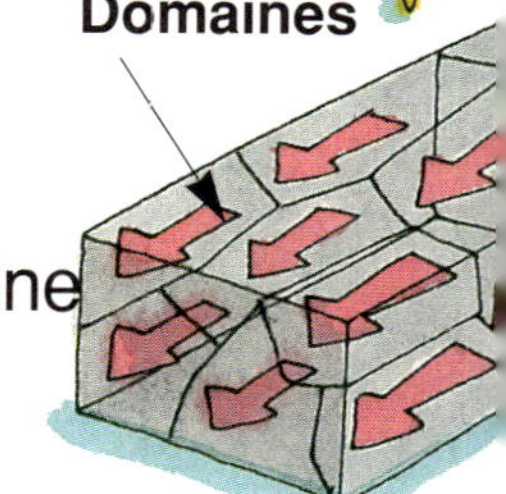

Tout métal qui est attiré par un aimant est aussi composé de domaines. Mais ils pointent tous dans des directions différentes. L'aimant va permettre de les aligner. Le métal devient alors lui-même un aimant.

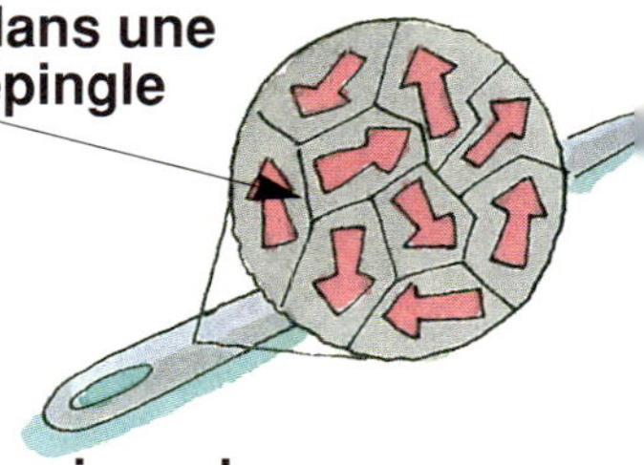

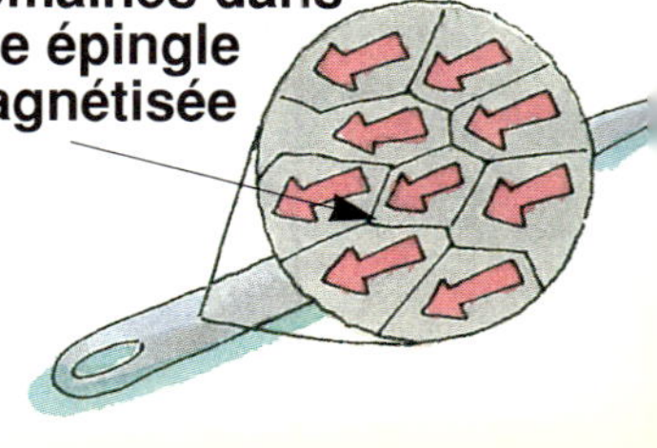

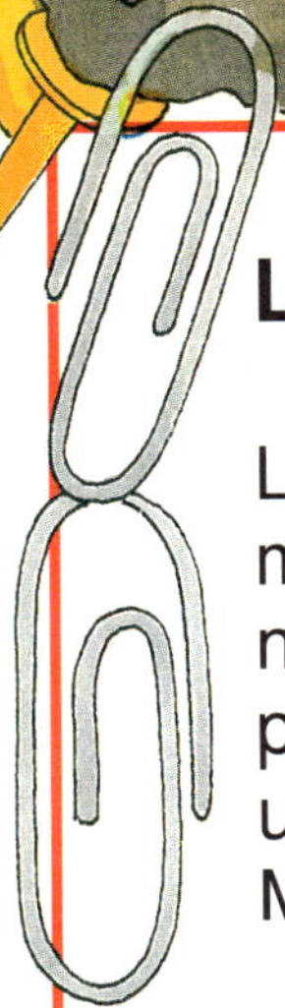

La magnétite

La roche qu'on appelle magnétite est un aimant naturel. On l'a découverte pour la première fois dans un endroit nommé Magnesia.

Est-il possible d'affaiblir un aimant?

Laisse tomber une aiguille magnétisée sur une table. Répète l'opération plusieurs fois. Essaie ensuite d'attraper des épingles avec l'aiguille.

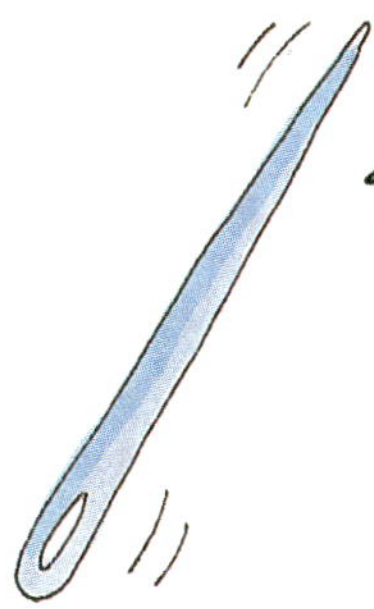

Ce qui se passe

Les domaines ne sont plus alignés et l'aiguille cesse d'être un aimant. Prends garde à ne pas heurter ou faire tomber tes aimants, car ils risquent de perdre leur force d'attraction.

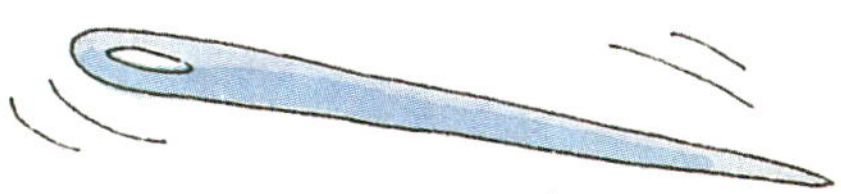

Fais nager des canards

Il te faut. 2 aiguilles, un aimant, des bouchons en plastique, de la pâte à modeler, du papier, des ciseaux.

Magnétise deux aiguilles à l'aide de ton aimant. Frotte-les toutes les deux contre l'aimant, du chas (trou) vers la pointe.

◀ Sers-toi de pâte à modeler pour fixer chacune à un bouchon. Puis découpe des formes de canard dans du papier et colle-les sur la pâte à modeler.

L'un des canards doit avoir le bec du même côté que le chas de l'aiguille. Fixe le deuxième dans l'autre sens.

Pose les bouchons sur l'eau. Les canards semblent nager l'un vers l'autre. ▼

Autour de ton aimant

Ces expériences te permettront d'en apprendre plus sur les forces qui s'exercent autour de ton aimant.

Dessiner avec un aimant

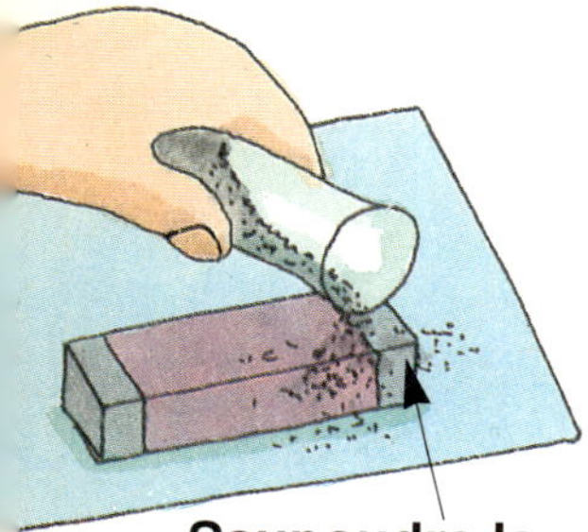

Saupoudre la limaille de fer sur toute la longueur.

Place un aimant sous un petit morceau de carton. Verse dessus de la limaille de fer (voir ci-dessous). Tapote doucement le carton. Que se passe-t-il?

La limaille de fer se répartit tout autour de l'aimant. Cela montre que la force d'un aimant s'exerce tout autour de lui, même si elle est plus puissante au niveau des pôles.

Formes dessinées par un barreau aimanté.

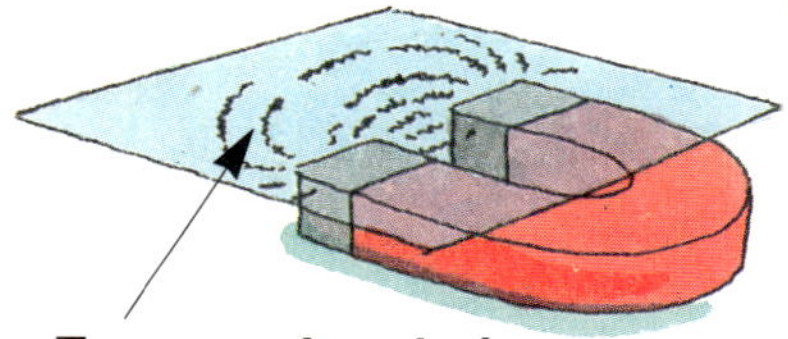

Formes dessinées par un aimant en fer à cheval.

Le champ magnétique

La force magnétique s'exerce sur les côtés d'un aimant, mais aussi au-dessus et au-dessous.

Comment utiliser la limaille de fer

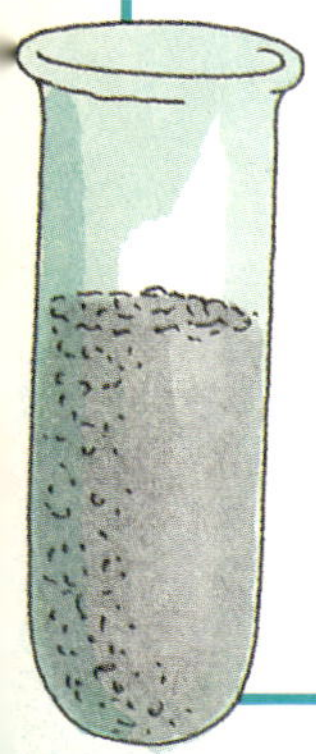

La limaille de fer est constituée de particules de fer. Demande à un adulte de t'en fabriquer en limant un clou.

Les panoplies de chimiste contiennent souvent des tubes remplis de limaille.

L'aiguille voyageuse

Magnétise l'aiguille en la frottant contre le pôle sud d'un aimant. Frotte-la douze fois du chas vers la pointe.

Le pôle nord se trouvera à la pointe.

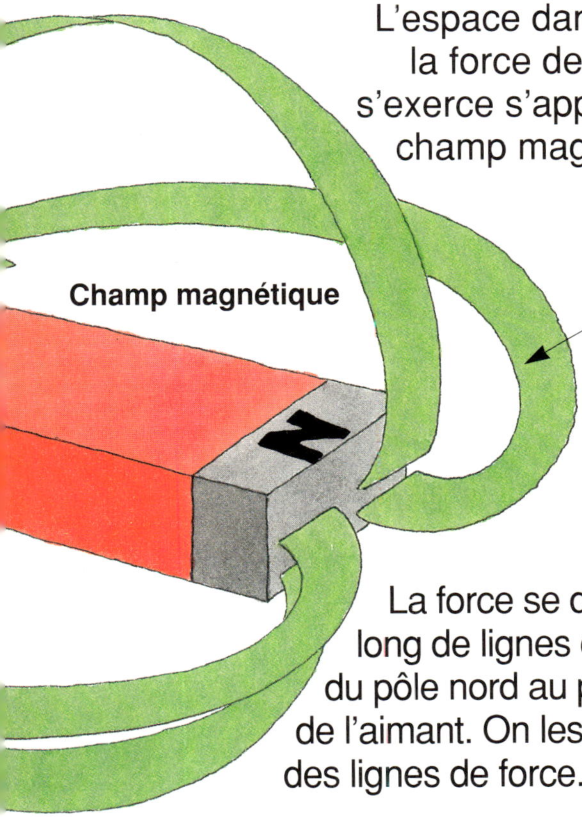

L'espace dans lequel la force de l'aimant s'exerce s'appelle son champ magnétique.

La force se déplace le long de lignes qui vont du pôle nord au pôle sud de l'aimant. On les appelle des lignes de force.

Le champ magnétique de la Terre

La Terre se comporte comme si un gigantesque aimant se trouvait à l'intérieur. Elle possède un champ magnétique, comme les autres aimants.

Certains oiseaux peuvent sentir ce champ magnétique. Les scientifiques pensent que cela les aide à trouver leur chemin lorsqu'ils volent. Mais personne ne sait exactement comment.

Fais passer l'aiguille à travers le bouchon. Puis pose l'ensemble sur l'eau, la pointe de l'aiguille vers le haut.

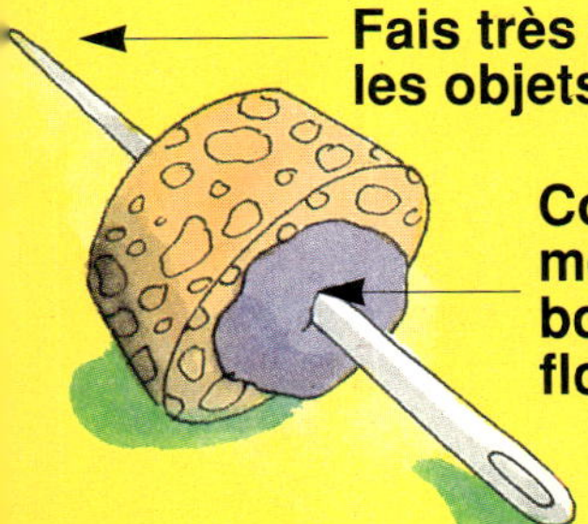

Fais très attention avec les objets pointus.

Colle de la pâte à modeler sous le bouchon pour qu'il flotte bien droit.

Scotche l'aimant à l'intérieur du bol. Puis déplace l'aiguille vers le pôle nord de l'aimant. Ensuite, lâche tout.

L'aiguille flotte vers le pôle sud. Elle suit une ligne de force dans le champ magnétique.*

Fixe l'aimant bien au-dessus du niveau de l'eau.

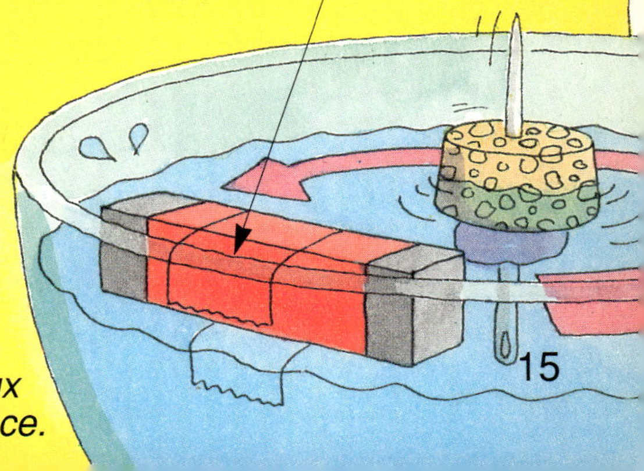

**Tu dois de nouveau magnétiser l'aiguille si tu veux recommencer cette expérience.*

L'électricité et les aimants

L'électricité peut agir comme un aimant. Voici comment.

Qu'est-ce que l'électricité?

L'électricité est causée par des particules invisibles et minuscules qu'on appelle électrons. Ils se déplacent facilement à travers le métal. Leur mouvement s'appelle le courant électrique.

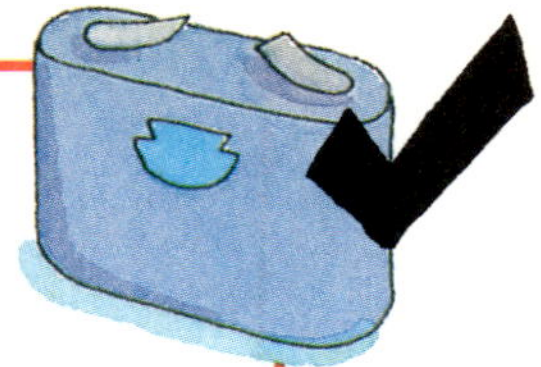

Danger!

N'utilise que des piles pour les expériences. Ne te sers jamais de l'électricité des prises de courant. Elle est trop puissante et très dangereuse.

Surprise électrique...

Il te faut: une pile plate de 4,5 volts, une paille de 5cm, une aiguille, du Scotch, des ciseaux, 1,5m de fil électrique recouvert de plastique.

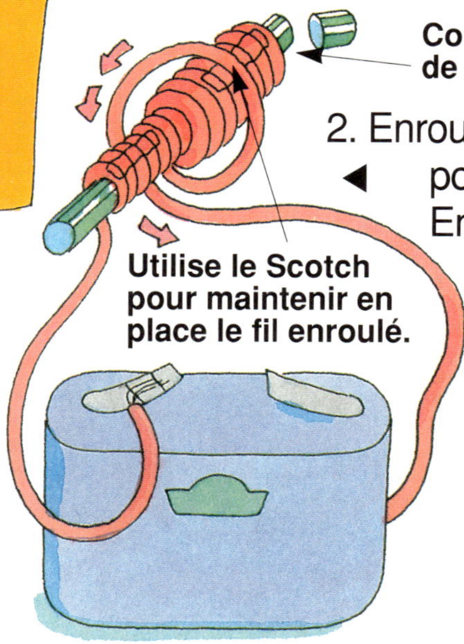

1. Demande à un adulte de t'aider à ôter le plastique aux deux extrémités du fil électrique. Fixe une extrémité du fil sur l'une des bornes (languettes métalliques) de la pile.

2. Enroule le fil autour de la paille pour former une bobine. Enroule trois épaisseurs de fil.

3. Colle l'extrémité restante du fil sur la seconde borne. Fais passer doucement l'aiguille à l'intérieur de la bobine et lâche-la. Que se passe-t-il?

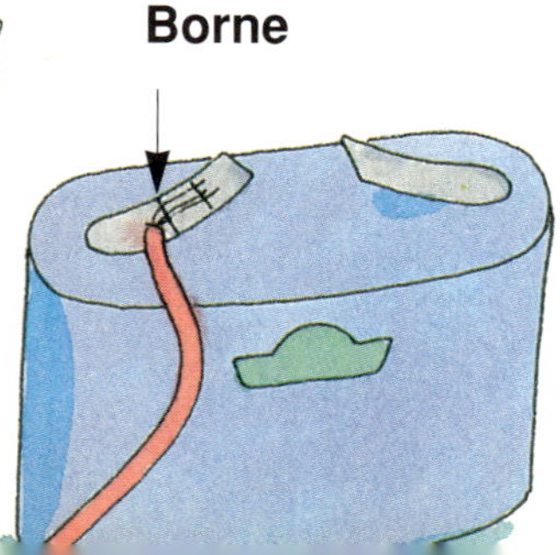

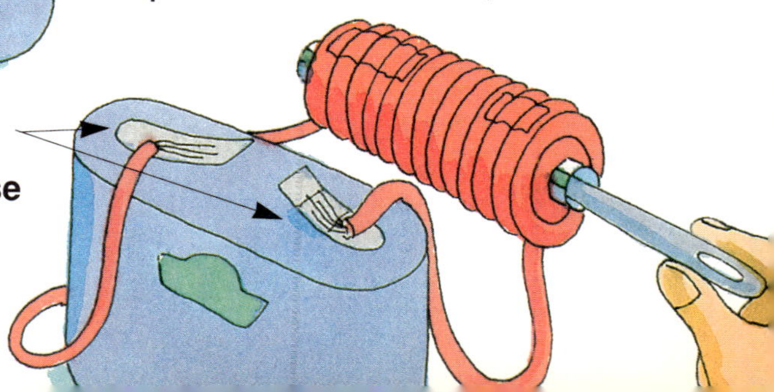

4. L'aiguille est attirée à l'intérieur de la bobine. En effet, le courant électrique produit un champ magnétique. La bobine rend le champ magnétique suffisamment puissant pour attirer l'aiguille. ▶

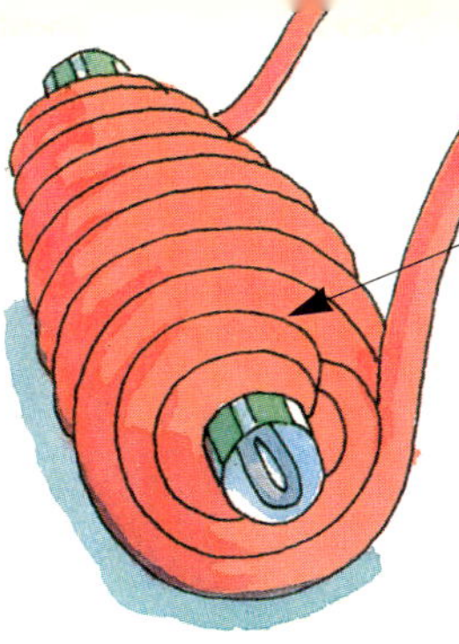

Cette bobine s'appelle un solénoïde.

Ta pile va se décharger rapidement si tu laisses le solénoïde branché trop longtemps. Débranche-le en détachant l'une des extrémités du fil de sa borne.

Signal de voie ferrée

Sers-toi de ton solénoïde pour fabriquer un signal miniature.

Il te faut : du papier, une paille, des ciseaux, du fil, une aiguille, une punaise, de la pâte à modeler, un solénoïde.

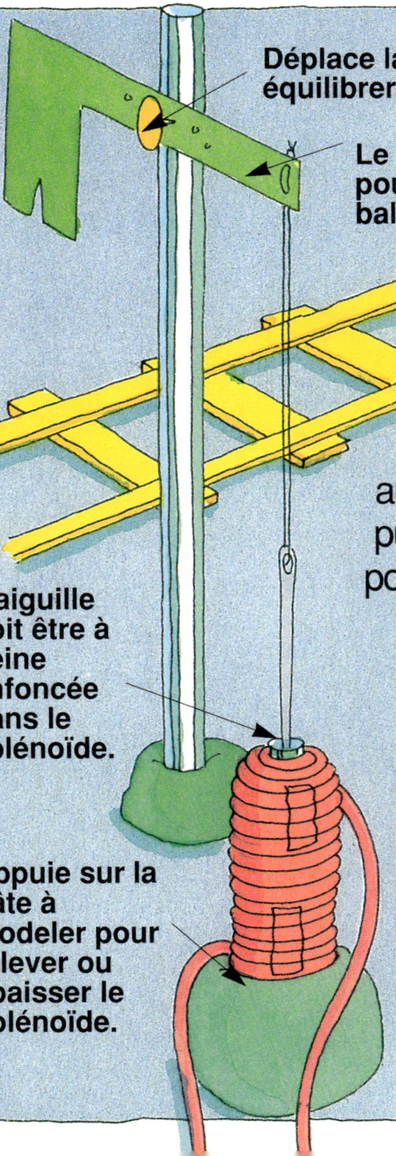

Déplace la punaise pour équilibrer le signal.

Le signal doit pouvoir se balancer.

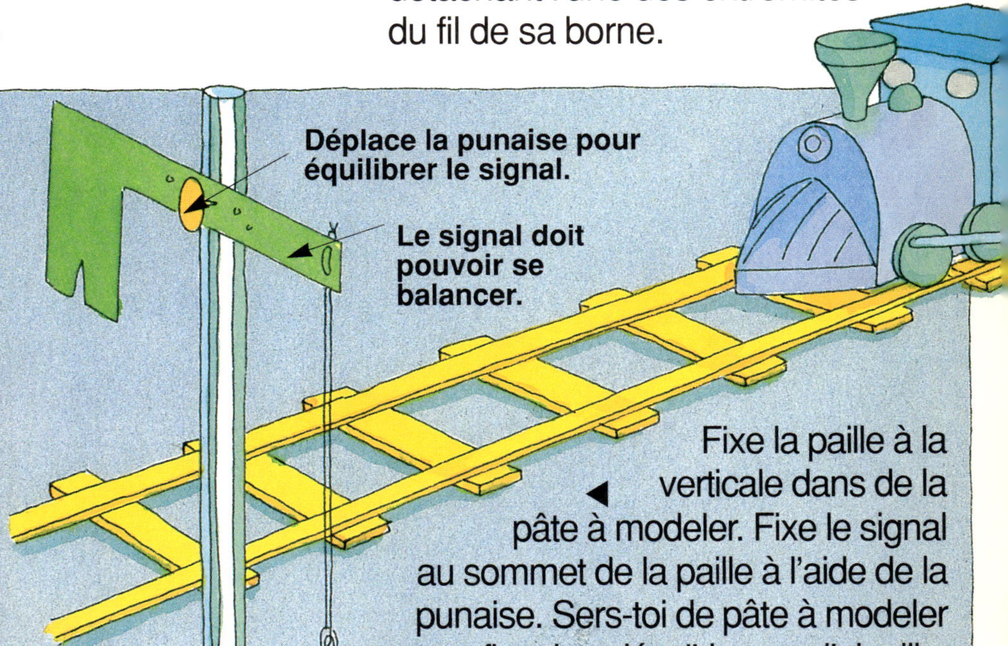

Fixe la paille à la ◀ verticale dans de la pâte à modeler. Fixe le signal au sommet de la paille à l'aide de la punaise. Sers-toi de pâte à modeler pour fixer le solénoïde sous l'aiguille.

L'aiguille doit être à peine enfoncée dans le solénoïde.

Appuie sur la pâte à modeler pour relever ou abaisser le solénoïde.

Découpe cette forme de signal dans le papier. Enfile l'aiguille et couds le fil à l'extrémité étroite du signal. ▼

Pour brancher le solénoïde, mets en contact les deux extrémités du fil électrique avec les bornes de la pile.

Ceci a pour effet de tirer l'aiguille vers le bas, ce qui actionne le signal. ▶

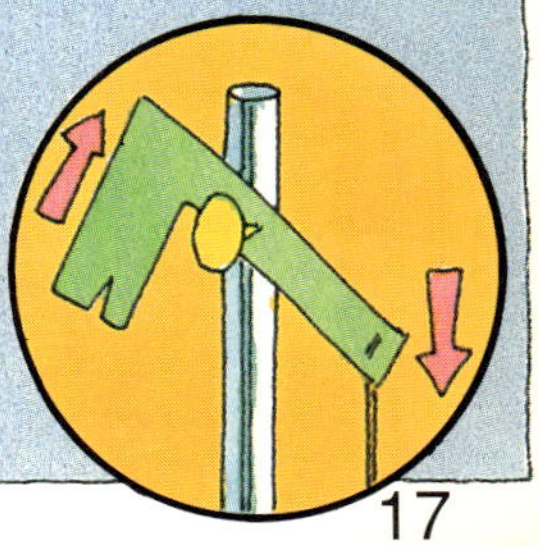

Les électroaimants

Certains aimants utilisent l'électricité pour fonctionner. On les appelle des électroaimants.

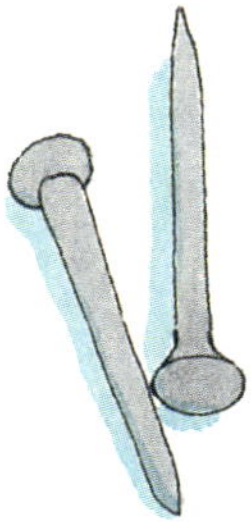

Les grues magnétiques

Certaines grues utilisent des électroaimants pour soulever le fer et l'acier. Ces aimants sont très puissants.

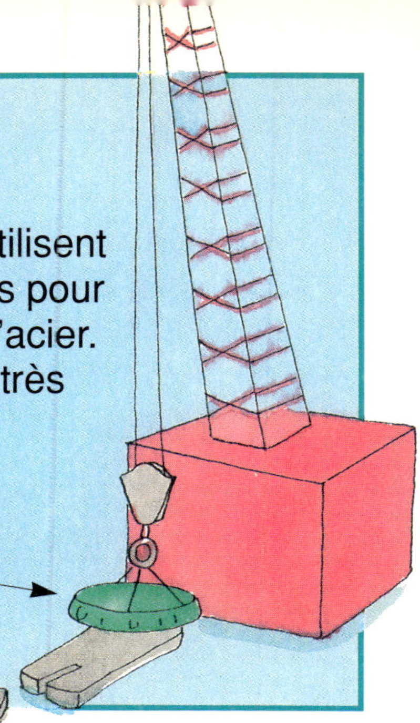

Le grutier désactive cet aimant pour lâcher sa charge.

Fabrique un électroaimant

Tu peux transformer le solénoïde de la page 16 en électroaimant. Il te suffit d'insérer un long clou en fer ou en acier à l'intérieur de la paille. Ensuite, colle les ▼ deux extrémités du fil électrique sur la pile.

Tu peux enrouler le fil électrique directement sur le clou si celui-ci ne rentre pas dans la paille.

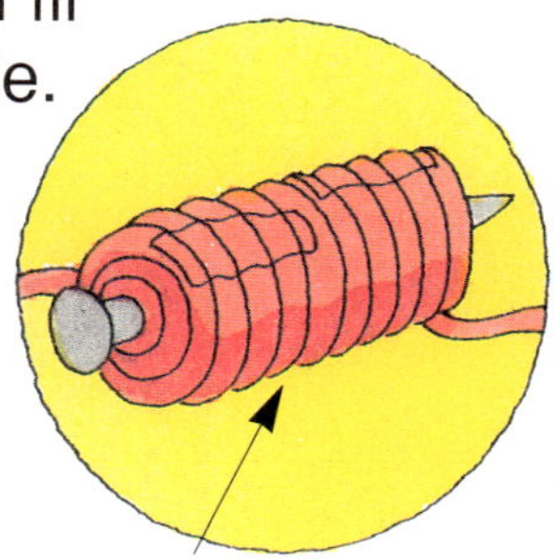

Maintenant, regarde ▶ si ton électroaimant attire les mêmes objets que les autres aimants.

Essaie avec des épingles, des trombones et des clous.

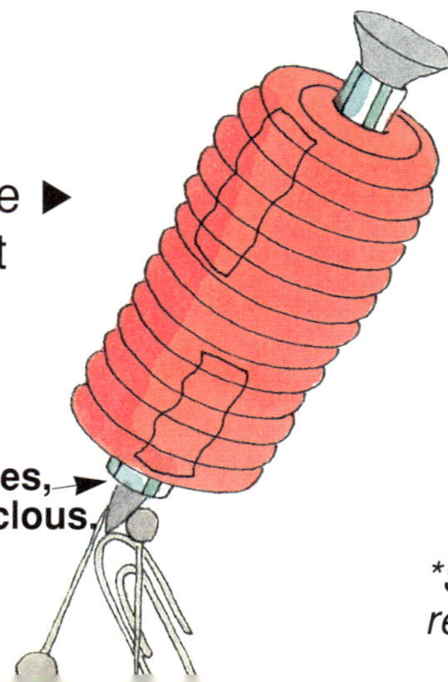

Comment fonctionne l'électroaimant?

Le métal contenu dans le solénoïde renforce son champ magnétique. Cela en fait un aimant puissant.

Comment le désactiver?

Enlève l'une des extrémités du fil électrique de la pile pour arrêter le courant. ▶ Regarde si le trombone est encore attiré.

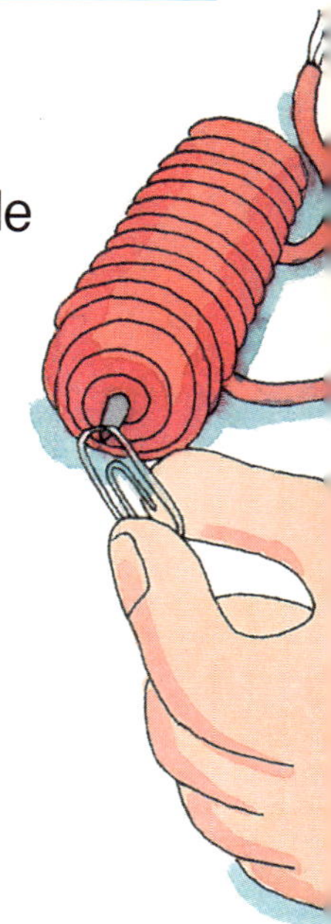

L'électroaimant cesse de fonctionner, car le champ magnétique quitte le fil électrique lorsque le courant ne passe plus*.

**Si le clou placé à l'intérieur est encore magnétique, reporte-toi à la page 23 pour comprendre pourquoi.*

Fabrique une grue miniature

Tu peux te servir d'un électro-aimant pour fabriquer une grue.

1. Colle la règle à l'intérieur de la boîte (voir croquis). Fixe la bobine de fil derrière, à l'aide de la pâte à modeler. Puis enfonce le crayon dans la bobine, la pointe en bas. ◄

L'une des extrémités de la bobine comporte une entaille. Place-la sur le dessus.

Ajoute du Scotch pour bien fixer la bobine.

2. Colle la paille sur la règle. Puis fais passer le fil à l'intérieur de la paille. Attache l'une des extrémités à l'électroaimant. Colle l'autre sur le crayon, en prenant soin de laisser dépasser un peu de fil. ▼

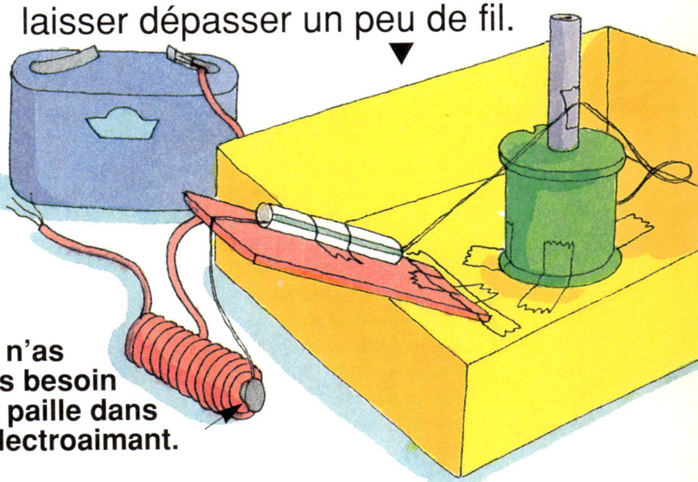

Tu n'as pas besoin de paille dans l'électroaimant.

3. Place la pile dans la boîte. Colle les deux extrémités du fil électrique sur les bornes. Tourne le crayon pour faire monter l'électroaimant et soulever une charge.

▼

Détache l'une des extrémités du fil électrique pour lâcher une charge.

Insère le fil qui dépasse dans l'entaille pour l'empêcher de se dérouler.

Tu pourrais tout mettre dans un camion, plutôt que dans une boîte. Tu disposerais ainsi d'une grue mobile.

Les aimants et les machines

Les aimants permettent de faire fonctionner nombre de machines électriques. En voici quelques-unes.

Fabriquer de l'électricité

Une machine appelée générateur électrique est utilisée pour produire de l'électricité. Le générateur comporte une bobine de fil métallique entourée d'aimants.

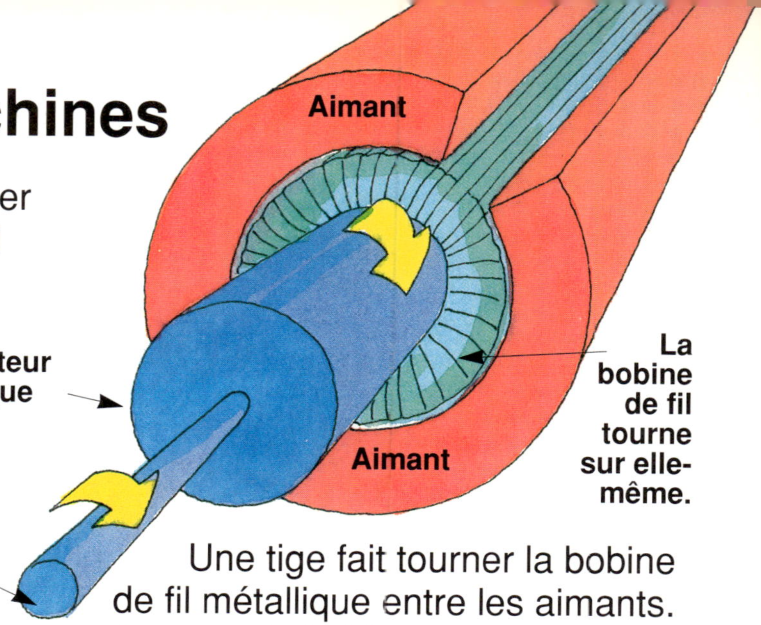

Une tige fait tourner la bobine de fil métallique entre les aimants. Lorsque la bobine tourne sur elle-même dans le champ magnétique, l'électricité se déplace le long du fil.

Un moteur électrique

Un moteur électrique comporte une bobine de fil métallique et des aimants, tout comme un générateur, mais fonctionne de façon inverse. La bobine est immobile jusqu'à ce que l'électricité lui parvienne depuis une batterie. Le courant électrique qui passe entre les aimants fait tourner la bobine sur elle-même.

Ici, tu peux voir comment un moteur électrique actionne les roues d'une voiture miniature.

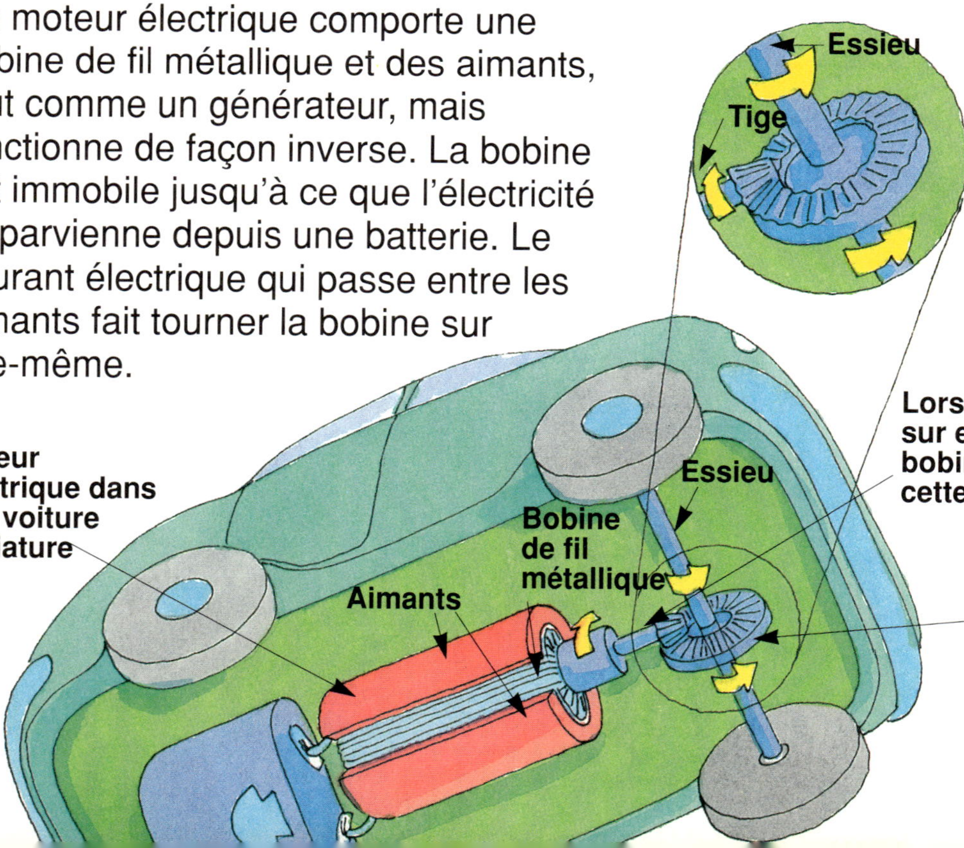

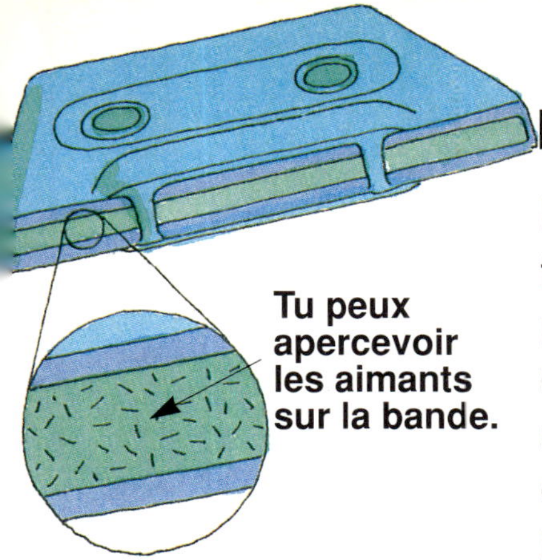

Les magnétophones

Une bande magnétique est couverte de minuscules aimants. On les utilise pour enregistrer des sons dans un magnétophone.

Lorsque quelqu'un parle dans un micro, celui-ci transforme le son en signaux électriques.

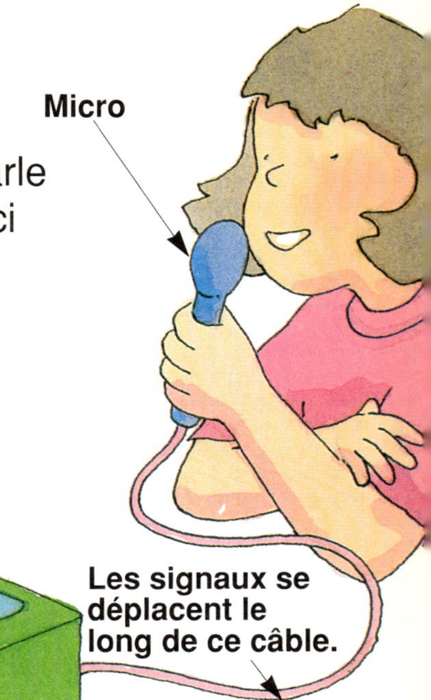

Les signaux se dirigent vers un électroaimant. Celui-ci organise les aimants sur la bande magnétique, selon un motif qui correspond aux signaux. ▶

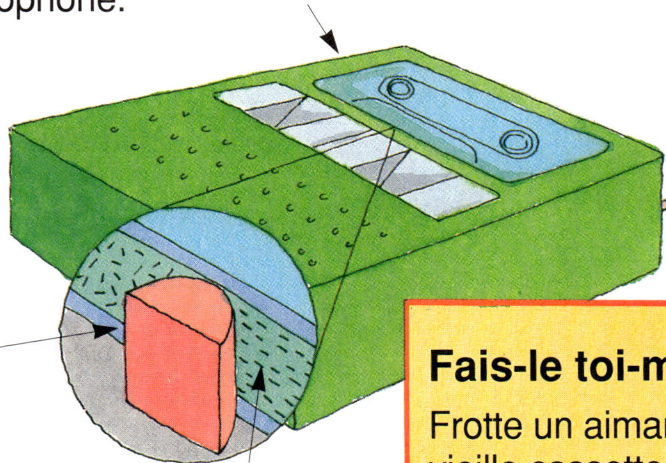

Quand tu écoutes la bande, elle passe sur un électroaimant différent, qu'on appelle une tête de lecture. En lisant le motif inscrit sur la bande, cette tête produit des signaux électriques. ▶

Ce sont les mêmes signaux que lorsque le son avait été enregistré. Ils se dirigent vers un haut-parleur qui les utilise pour reproduire le même son. ▼

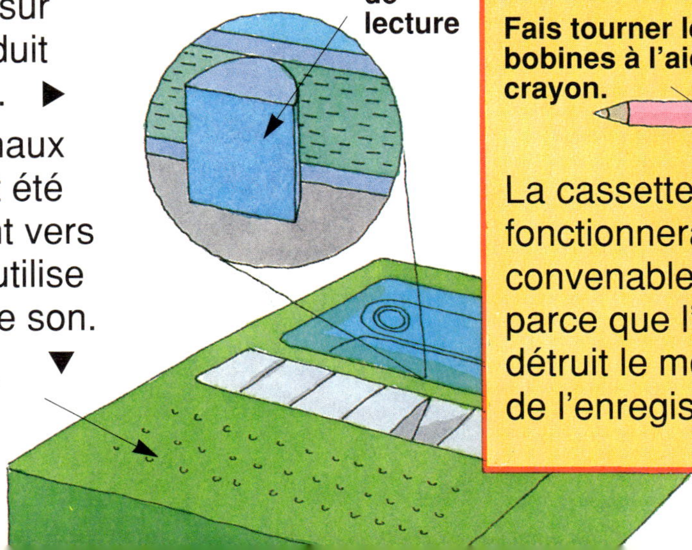

Fais-le toi-même

Frotte un aimant le long d'une vieille cassette dont personne ne veut plus. Puis passe-la sur le magnétophone.

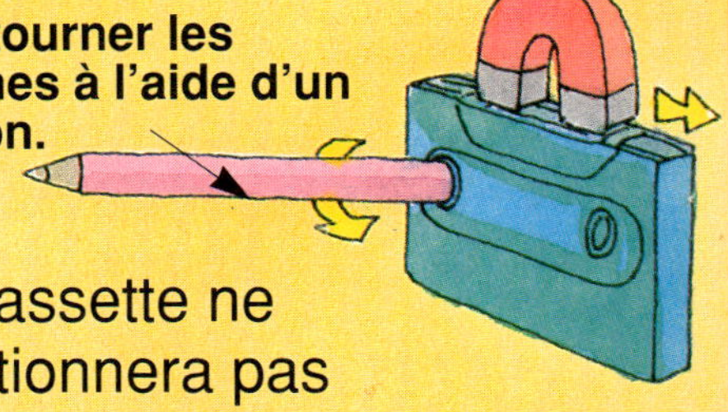

La cassette ne fonctionnera pas convenablement. C'est parce que l'aimant a détruit le motif créé lors de l'enregistrement.

Notes à l'intention des parents et des enseignants

Ces notes sont destinées à vous aider à répondre aux questions relatives aux activités décrites dans les pages précédentes.

La force d'attraction (pages 4-5)

Un aimant puissant peut agir sur un objet depuis une distance plus grande qu'un aimant plus faible. On dit qu'il a un champ magnétique plus fort (voir page 14).

La pesanteur

Toutes les planètes attirent les objets vers leur centre. Cette attraction, ou pesanteur, fait que les objets nous paraissent lourds lorsque nous les soulevons. Si cette force n'existait pas, tout serait en état d'apesanteur et flotterait dans l'air.

Aimanter à travers des objets (pages 6-7)

La force magnétique n'est quasiment pas affectée par les objets qu'un aimant n'attire pas. Elle s'exerce tout aussi bien à travers une feuille de papier que dans l'air. Une épaisse liasse de papier semble empêcher les aimants de fonctionner. Mais c'est tout simplement parce que l'épaisseur du papier maintient les objets en dehors du champ magnétique de l'aimant. Toutefois, une feuille de fer, d'acier ou de nickel, aussi fine soit-elle, interfère avec le champ magnétique de l'aimant.

L'armature

Une armature en fer emprisonne le champ magnétique, de sorte qu'il ne se trouve plus de pôles libres (voir page 8) pour attirer d'autres objets. Ce circuit fermé permet de conserver sa puissance au champ magnétique.

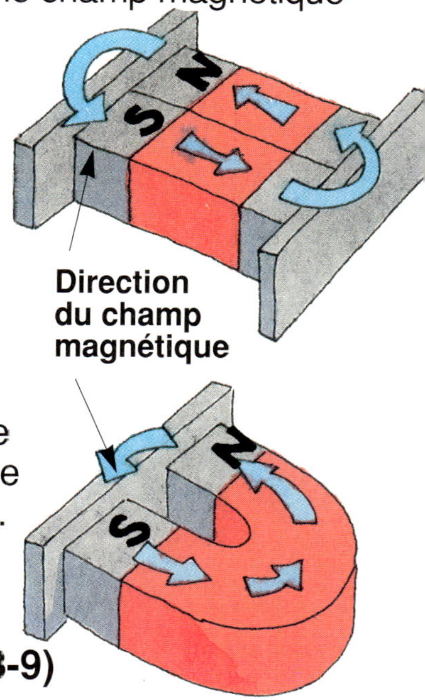

La répulsion et l'attraction (pages 8-9)

Chaque type, chaque forme d'aimant comporte deux sortes de pôles: nord et sud. Dans tous les cas, les pôles opposés s'attirent. Les pôles semblables se repoussent.

Comment trouver ton chemin (pages 10-11)

Le champ magnétique de la Terre (voir page 15) se comporte comme si son pôle sud se trouvait dans l'Arctique, ce qui attire le pôle nord de tous les aimants. L'endroit vers lequel ils sont pointés est appelé, source de confusion, le pôle nord magnétique.

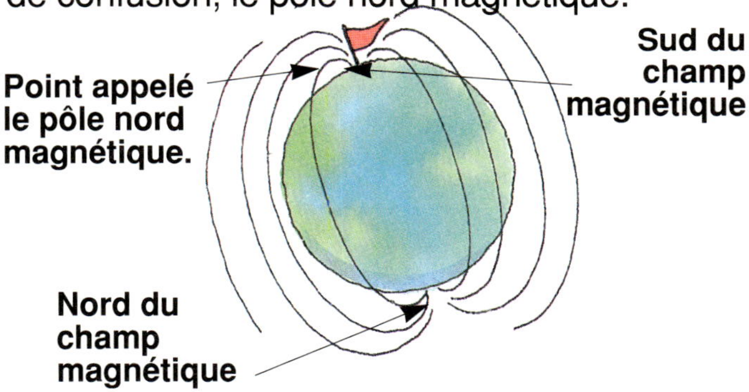

Fabrique des aimants (pages 12-13)

Différents métaux magnétiques possèdent différentes caractéristiques. Le fer est facile à magnétiser, mais il perd tout aussi facilement son magnétisme. L'acier est plus difficile à magnétiser, mais il conserve son magnétisme à moins qu'il soit martelé ou chauffé.

L'électricité et les aimants (pages 16-17)

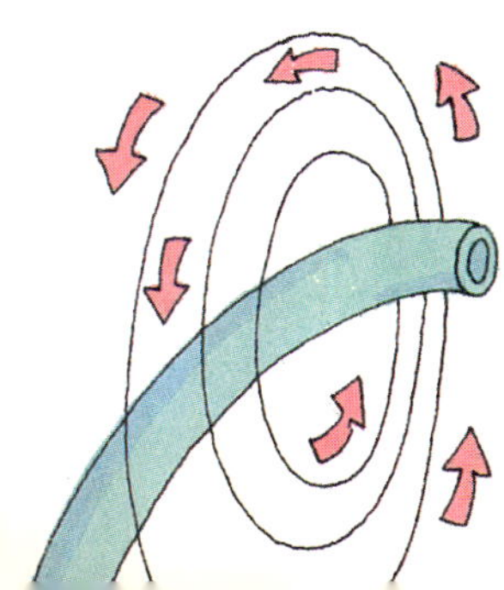

Un courant qui circule dans un fil électrique produit un champ magnétique qui se présente sous forme de cercles concentriques. Un courant puissant dégage un champ magnétique important.

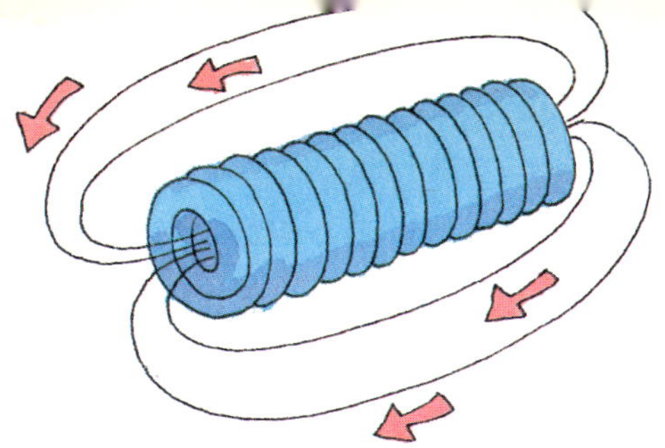

Si l'on enroule le fil pour constituer un solénoïde, il peut transporter davantage de courant. Ceci a également pour effet de créer un champ magnétique semblable à celui d'un barreau aimanté.

Quels fils électriques utiliser

Le fil recouvert de plastique fonctionne bien et se trouve dans n'importe quelle quincaillerie. Le fil de cuivre donne des résultats encore meilleurs, mais il est plus difficile à trouver.

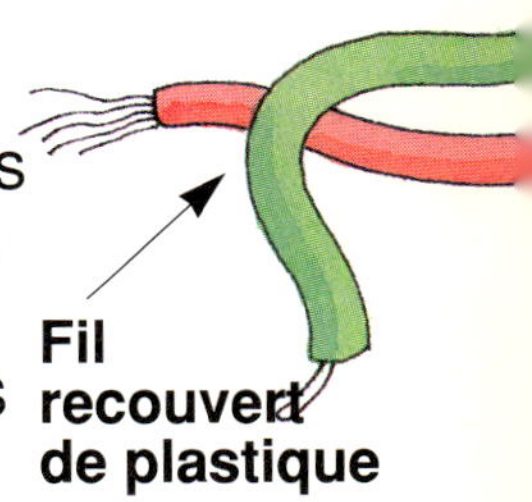

Les électroaimants (pages 18-19)

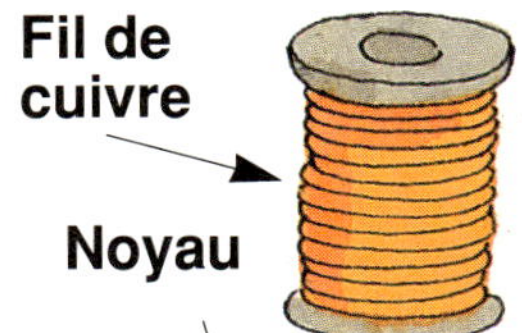

Un noyau de fer ou d'acier renforce le champ magnétique d'un solénoïde, ce qui permet d'obtenir un aimant puissant. Un électroaimant peut être rendu encore plus puissant si l'on enroule davantage de fil ou si l'on intensifie le courant.

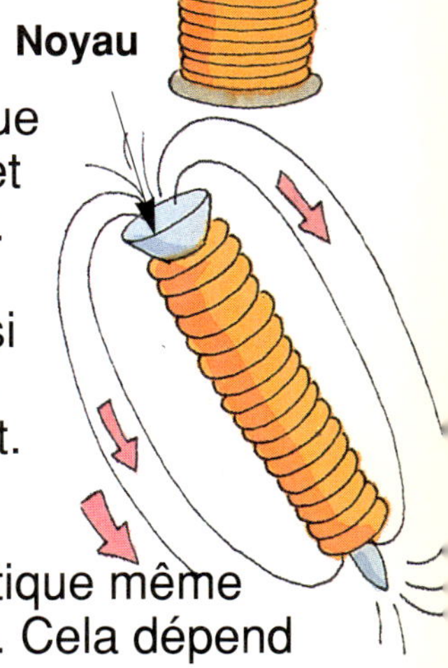

Le noyau peut rester magnétique même lorsque le courant est coupé. Cela dépend du type de métal. Les électroaimants industriels sont à base de fer, qui ne reste pas magnétique (voir ci-dessus à gauche).

Index

Réponses aux devinettes

Page 7 - Place le clou sous le papier. Puis pose ton aimant dessus. L'aimant attire le clou à travers le papier.

Le papier est maintenant écrasé entre le clou et l'aimant. Si tu soulèves l'aimant, il s'élèvera avec.

Page 11 - Le marcheur doit aller vers le nord pour parvenir aux montagnes.

Imprimé en Belgique.

SCIENCE ACTIVE
LUMIERE ET MIROIRS

Kate Woodward

Conception: Radhi Parekh

Illustrations: Simone Abel

Expert-conseil: John Baker (conseiller scientifique dans le cycle primaire)
Avec la collaboration de: Mary Forster
Traduction: Roxane Jacobs

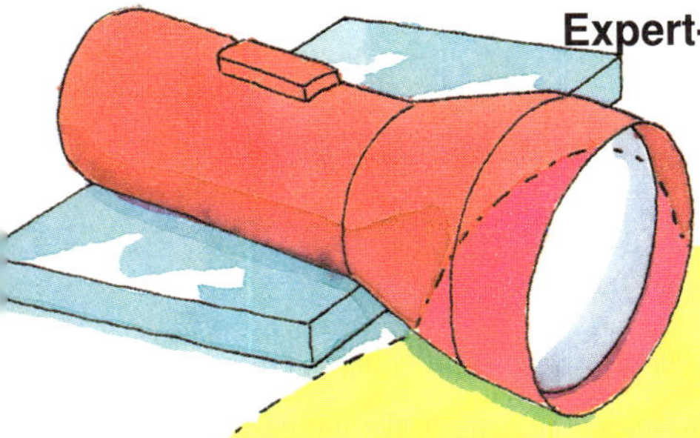

Sommaire

De la lumière partout

La lumière est tout autour de nous. Fais les expériences décrites dans ce livre pour en apprendre davantage sur la lumière et son comportement.

La lumière se déplace

Pour quelques-unes des expériences, tu auras besoin d'une lampe de poche. Allume-la dans une pièce où il fait noir.

La lumière se projette et s'éloigne de la lampe.

Tu verras que la lumière éclaire des objets à l'autre bout de la pièce.

Tout ce qui produit de la lumière s'appelle une source lumineuse. Emise de sa source, la lumière se projette sur des objets éloignés et les éclaire.

La lumière du Soleil

Le Soleil est une boule de gaz brûlants. Il dégage une lumière très puissante. Celle-ci doit parcourir 150 millions de kilomètres pour atteindre la Terre.

Ce qui produit de la lumière

Fais une liste d'objets qui produisent de la lumière: combien en trouves-tu? Pour te lancer, en voici quelques-uns.

La lumière se propage de l'ampoule pour éclairer la pièce.

Les phares d'une voiture peuvent éclairer la route loin devant.

La lumière va vite

Rien ne va plus vite dans l'univers que la lumière. Elle se déplace à une vitesse de 300 000 km/s. Depuis le Soleil, elle ne met que huit minutes et demie pour atteindre la Terre.

Passe-t-elle à travers?

Rassemble plusieurs objets pour voir s'ils laissent passer la lumière. Essaie avec ceux-ci. ▶

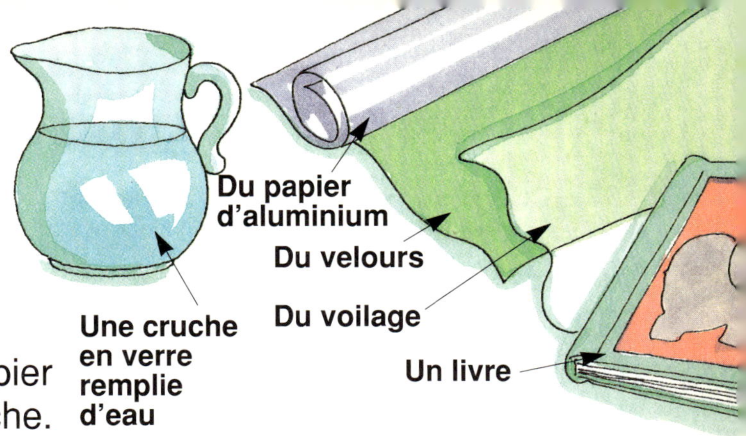

Eclaire un morceau de papier avec une lampe de poche. Tiens chaque objet à tour de rôle entre la lampe et le papier. Devine s'il laissera passer la lumière.

Allume la lampe pour découvrir si tu avais raison. Trace un tableau pour y inscrire les résultats.

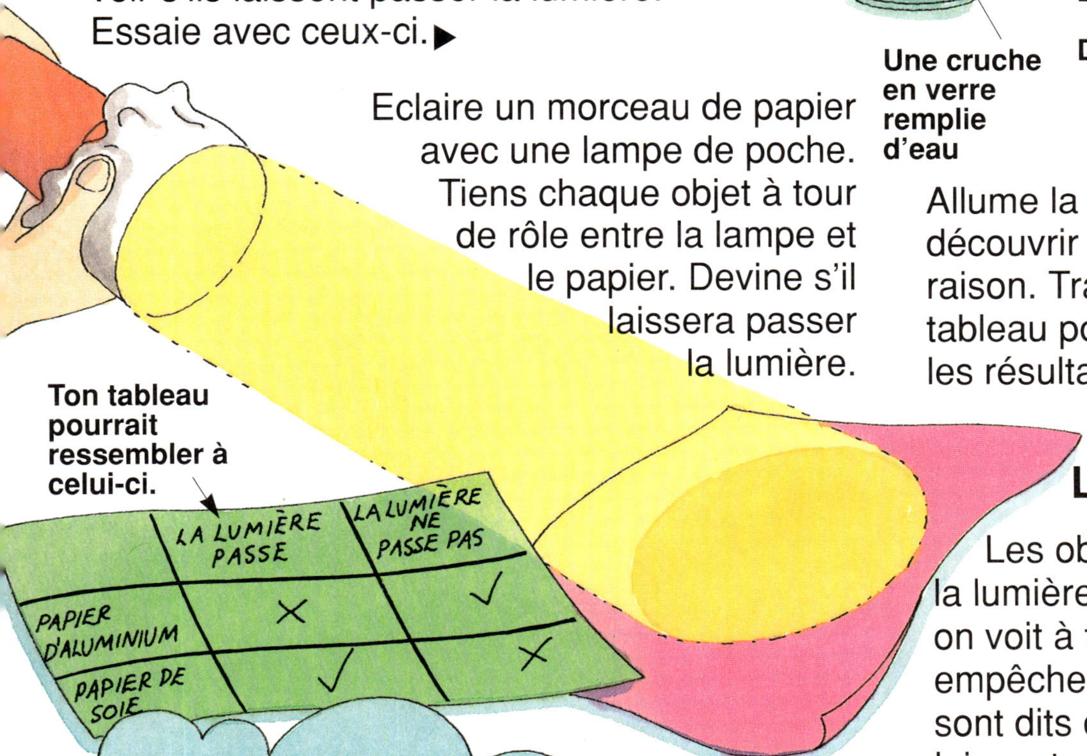

Les différents noms

Les objets qui laissent passer la lumière sont dits transparents: on voit à travers. Ceux qui empêchent la lumière de passer sont dits opaques. Certains laissent passer la lumière bien qu'on ne puisse pas voir à travers. On dit qu'ils sont translucides.

Qu'est-ce qui arrive en premier?

Les nuages orageux produisent à la fois des éclairs et des coups de tonnerre.

On voit les éclairs avant d'entendre le tonnerre parce que la lumière se déplace plus vite que le son.

La lumière se déplace

Sans qu'on s'en aperçoive, la lumière bouge sans arrêt. Ici, tu en apprendras davantage sur sa façon de se déplacer.

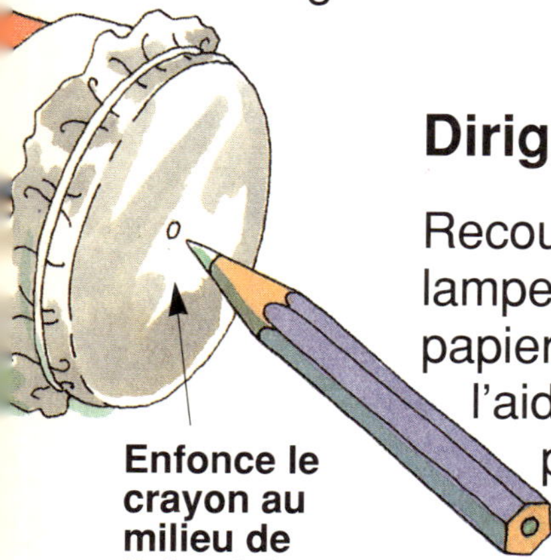

Enfonce le crayon au milieu de l'aluminium.

Dirige la lumière

Recouvre l'extrémité d'une lampe de poche avec du papier d'aluminium. A l'aide d'un crayon, perces-y un trou pour laisser filtrer un petit rayon de lumière.

Déplace la lampe. Est-ce que tu arrives à poser le rayon sur les objets que tu vises?

Il est facile de diriger le rayon parce que la lumière avance en ligne droite.

Sous le feu des projecteurs

Puisque la lumière avance en ligne droite, on arrive à éclairer les acteurs sur une scène de théâtre en dirigeant sur eux la lumière forte des projecteurs.

Les rayons

Chaque particule de lumière avance en ligne droite. On appelle cette ligne un rayon.

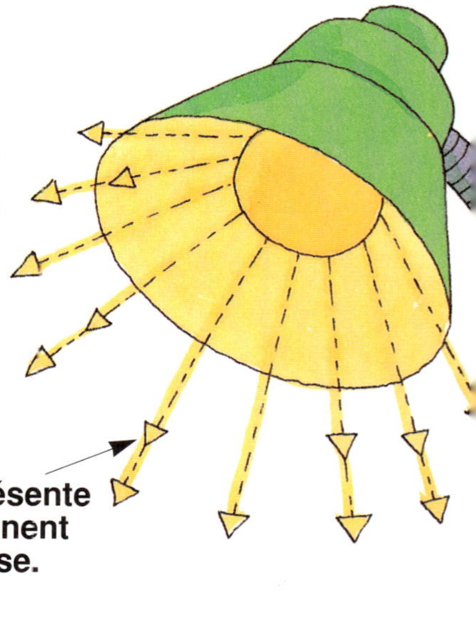

Cette illustration représente des rayons qui s'éloignent d'une source lumineuse.

La lumière rebondit

Pose la lampe couverte de papier d'aluminium sur une table dans une pièce non éclairée. Tiens un miroir devant la lampe. Qu'arrive-t-il au rayon de lumière?

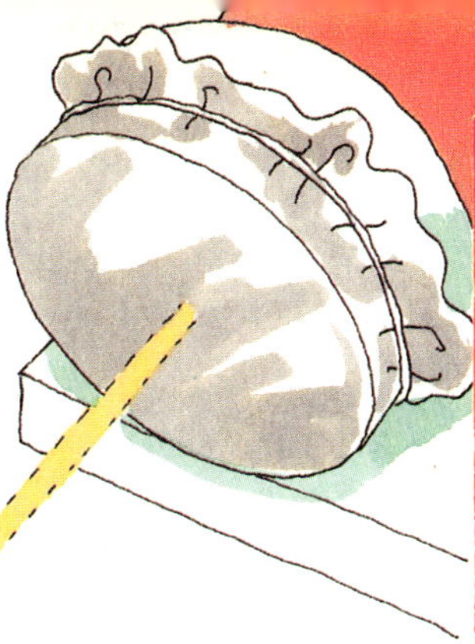

Cherche le point lumineux au bout du rayon. Où se pose-t-il? Cela t'étonne?

Lorsque la lumière entre en contact avec un objet, elle peut rebondir dessus et repartir dans une autre direction.

A la place d'un miroir, essaie avec du papier d'aluminium ou un couvercle en métal poli.

Incline le miroir.
Est-ce que tu arrives à déplacer le point lumineux d'objet en objet?

Pourquoi fait-il noir la nuit?

La Terre est comme un ballon énorme. Elle pivote sur elle-même une fois toutes les 24 heures. Pendant quelques heures, la partie de la Terre où tu vis est face au soleil: il fait jour.

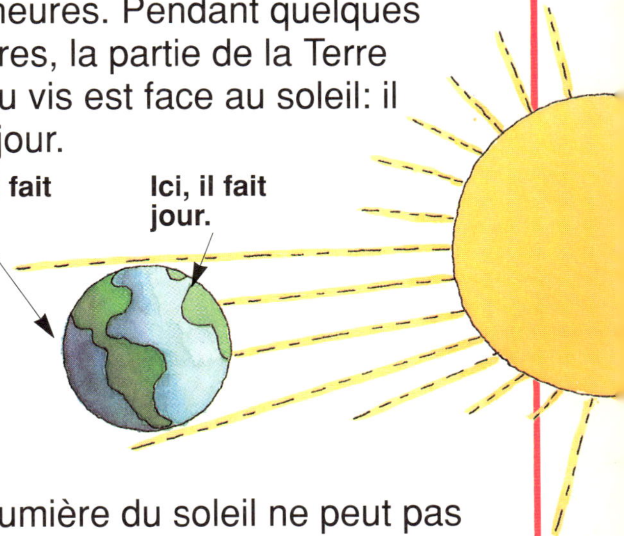

La lumière du soleil ne peut pas faire le tour de la Terre. L'autre côté du monde est donc dans l'obscurité.

Comment fonctionne la vue

Un peu de lumière rebondit sur tous les objets que tu vois. C'est cette lumière qui transporte l'image des objets jusqu'à tes yeux.

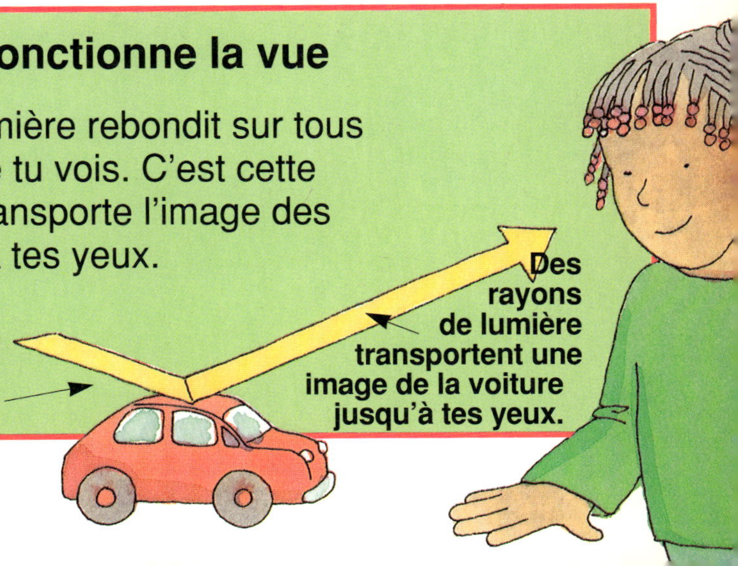

Regarder dans les miroirs

Lorsque tu regardes dans un miroir tu vois ton propre visage. L’image dans le miroir s’appelle un reflet.

Trouve des reflets

Cherche des objets dans lesquels tu aperçois ton visage. Ont-ils une particularité?

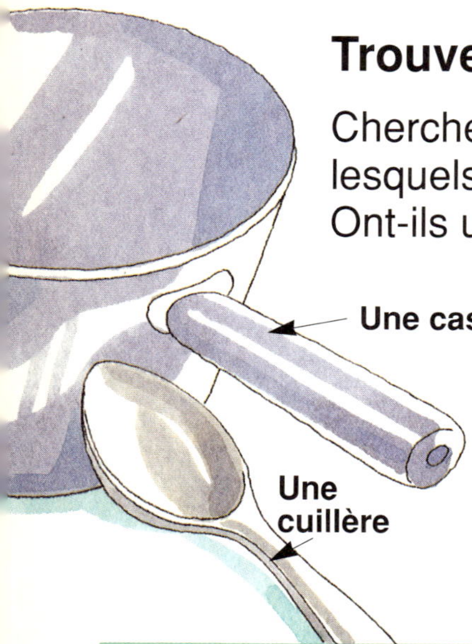

Passe la main sur les objets pour découvrir s’ils sont rugueux ou lisses. Sont-ils tous brillants?

Est-ce que ton reflet est semblable dans tous les objets? A-t-il toujours la même forme?

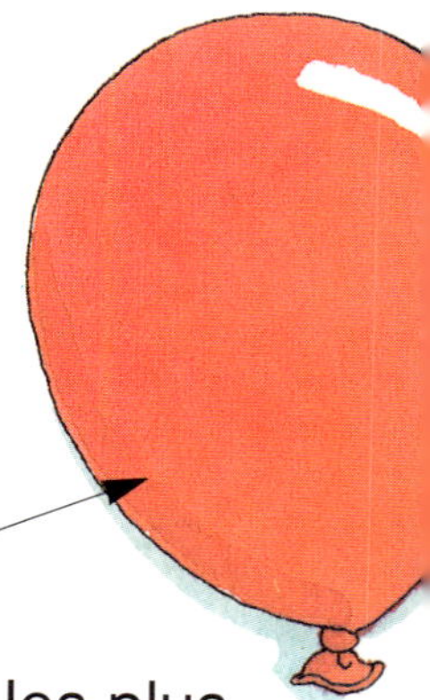

Quand voit-on un reflet?

On voit un reflet lorsque des rayons de lumière rebondissent sur un objet puis entrent en contact avec un miroir.

Les rayons rebondissent du miroir puis parviennent à tes yeux. C’est ainsi que tu vois le reflet.

Les reflets les plus nets se forment dans les objets plats, brillants et lisses. De tels objets font de bons miroirs.

Les reflets dans l'eau

Lors d'une belle journée, observe une flaque d'eau. Elle produit un reflet net.

Jettes-y un petit caillou pour faire onduler l'eau. Qu'arrive-t-il à l'image?

Les ondulations font rebondir la lumière dans tous les sens, ce qui fait disparaître l'image.

Les miroirs en verre

Les miroirs sont souvent en verre. Sous le verre, on a placé une couche fine d'argent ou d'aluminium.

Une grande quantité de lumière rebondit sur cette surface brillante, ce qui produit un reflet très net dans le miroir.

Fabrique un miroir incassable

Tu peux utiliser ce miroir incassable pour presque toutes les expériences présentées dans ce livre.

Découpe des rectangles dans le papier d'aluminium, le carton et le plastique. ▼

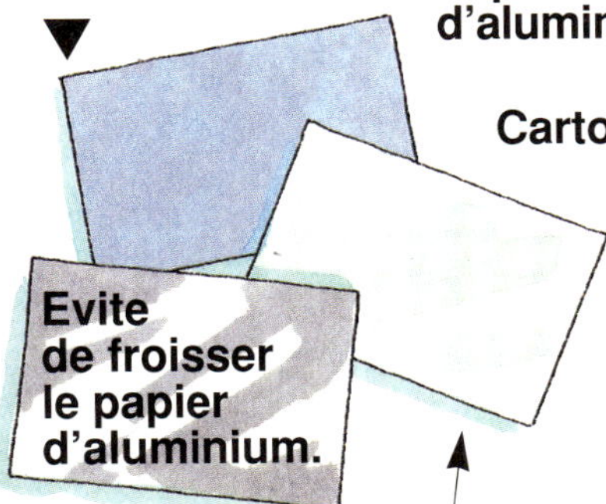

Assure-toi que les rectangles sont de la même taille.

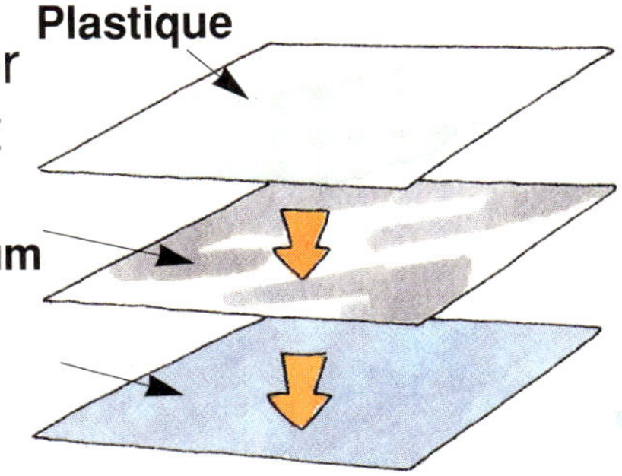

▲ Le côté plus brillant face à toi, pose le papier d'aluminium sur le carton. Puis, recouvre-le avec le plastique.

▲ Termine en posant un ruban fin de Scotch tout autour des bords.

** Tu pourrais utiliser le couvercle transparent d'un récipient en plastique.*

Les reflets

Lorsqu'on regarde dans un miroir, on n'y voit pas toujours ce qu'on attendait. Souvent, les reflets n'ont pas le même aspect que les objets réels.

Toi et ton reflet

Regarde-toi dans un grand miroir. Lève le bras gauche.

Observe ce qui se passe dans le miroir. C'est plus facile si tu te tiens légèrement en biais.

Ton reflet lève le bras droit. Comme tous les reflets, il apparaît à l'envers. Fais d'autres gestes pour voir ce qui se passe dans le miroir.

La magie du miroir

Trace un demi-cercle. Pose un miroir le long de la ligne droite.

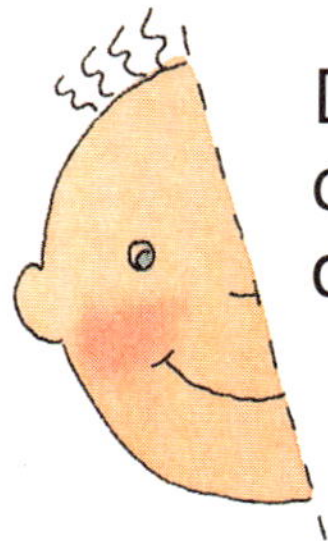

Dans le miroir, on observe le demi-cercle inversé : on a donc l'impression de voir l'autre moitié du cercle.

Pose ton miroir sur le pointillé pour compléter ces trois images.

Peux-tu dessiner des moitiés d'objets et les compléter avec un miroir?

Attention: il te faut choisir des objets dont les deux moitiés sont identiques. De tels objets sont "symétriques".

Les ailes du papillon sont symétriques.

Des reflets amusants

Cherche une grande cuillère brillante qui puisse servir de miroir. Observe ton reflet sur le dos de la cuillère.

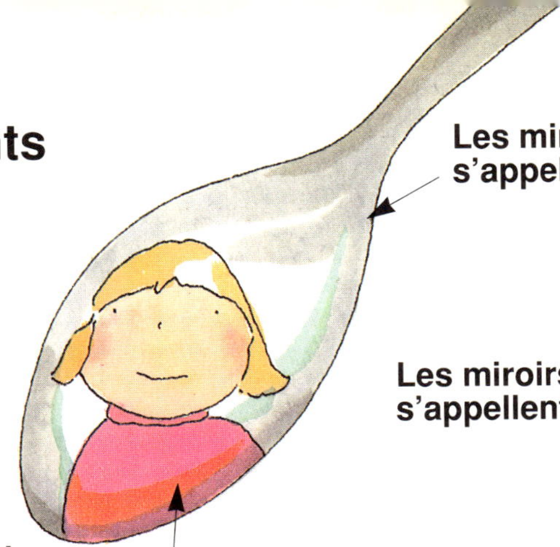

Des tours avec les miroirs

Dans les foires, on voit souvent des miroirs tordus donnant l'impression de déformer le physique des visiteurs de façon amusante.

Maintenant, retourne la cuillère. Qu'arrive-t-il au reflet? Est-ce qu'il change si tu rapproches la cuillère de ton visage?

Les miroirs courbes changent la forme du reflet. Certains peuvent même le renverser.

L'écriture en code secret

Ce code secret n'est lisible que dans un miroir.

Il te faut: un miroir, du papier carbone, du papier, une aiguille à tricoter.

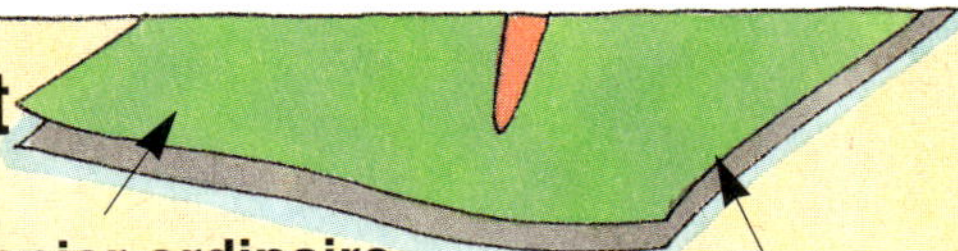

▲ Pose le papier carbone, côté encré face à toi. Place une feuille de papier ordinaire dessus. "Ecris" sur celle-ci avec l'aiguille.

▼ Le message apparaît à l'envers au verso de la feuille.

▲ Retourne le message à l'aide d'un miroir: tout le monde pourra le lire maintenant.

Des reflets changeants

Découvre ce qui arrive aux reflets lorsqu'on utilise plusieurs miroirs.

Une infinité de reflets

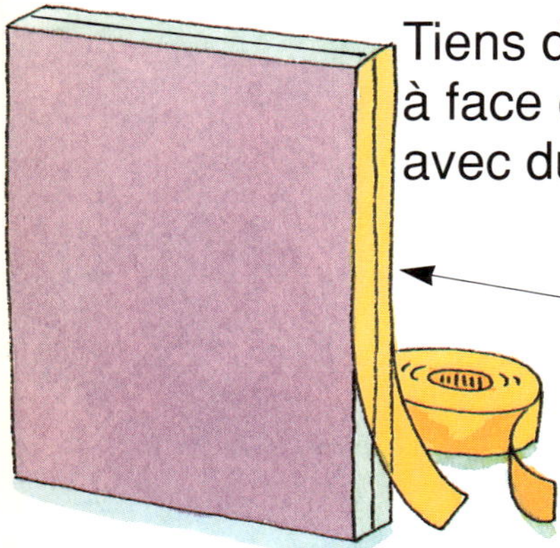

Tiens deux miroirs face à face et attache-les avec du Scotch.

Ouvre les miroirs, de sorte qu'ils tiennent debout, et introduis un petit objet entre les deux. Combien de reflets vois-tu?

Maintenant, rapproche les miroirs l'un de l'autre. Observe les reflets. ▶

A mesure que les miroirs se referment, la lumière rebondit de l'un à l'autre. Ce sont les reflets des reflets que tu vois.

Tu verras un maximum de reflets si tu enlèves le Scotch et si tu tiens les miroirs l'un en face de l'autre, l'objet placé entre les deux.

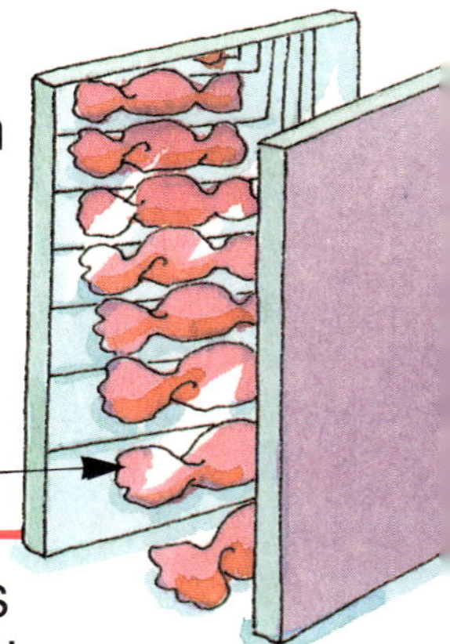

Des formes reflétées

Attache les miroirs comme avant. Pose un crayon entre les deux. Puis essaie de produire des formes à partir des reflets.

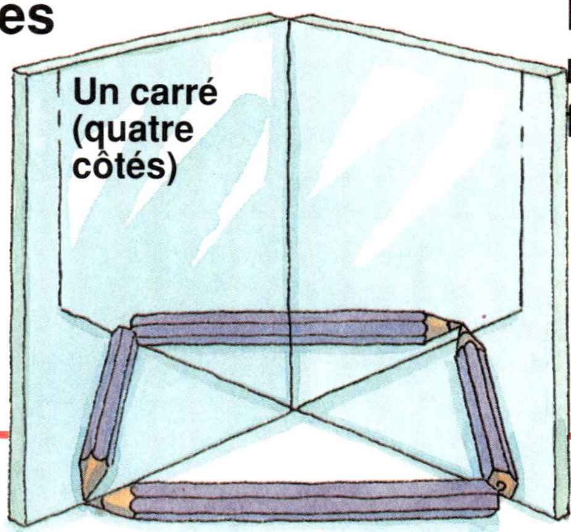

Ecarte ou referme les miroirs pour produire les formes suivantes.

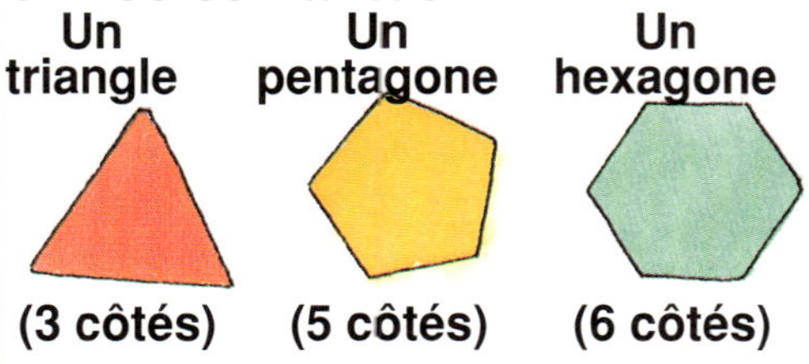

Fabrique un kaléidoscope

Les kaléidoscopes produisent des images colorées à partir de reflets.

Il te faudra aussi :
3 miroirs rectangulaires de la même taille, du plastique transparent, du carton, du papier calque, des ciseaux, du Scotch, un crayon de couleur, de minuscules formes taillées dans du papier coloré.

Attache les miroirs avec du Scotch par leurs longs côtés . ▶

◀ Pose les miroirs à la verticale sur un morceau de carton. Traces-en le contour en pointillé et découpe tout autour.

Colle le carton sur les miroirs avec du Scotch. Enfonce un crayon au milieu du carton, pour y percer un trou. ▶

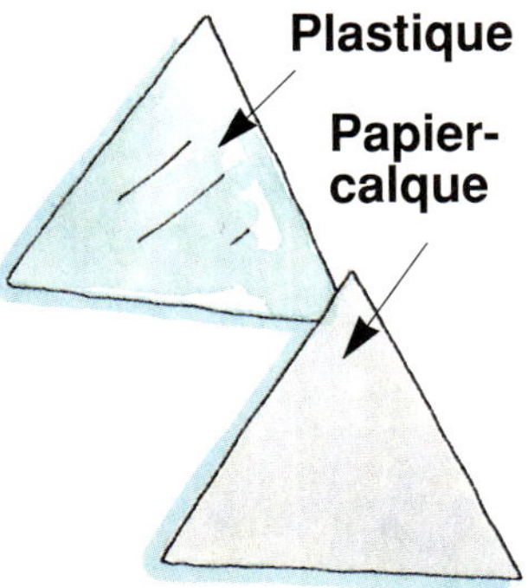

◀ Sur le plastique et le papier-calque, trace le contour des miroirs en pointillé et découpe tout autour.

Colle deux côtés ensemble avec du Scotch pour produire une enveloppe. Place les morceaux de papier coloré à l'intérieur. ▶

◀ Mets du Scotch sur le troisième côté et colle l'enveloppe sur l'extrémité ouverte des miroirs.

Avec cette extrémité-ci tournée vers la lumière, regarde par le trou. ▶

Les miroirs reflètent les formes en papier sous un certain angle. Ce dernier change si on secoue le kaléidoscope. ▶

Regarder autour de soi

Les miroirs nous aident à voir des objets situés derrière nous ou hors de portée de nos yeux. Voici comment.

Regarde derrière toi

Tiens un miroir devant toi. Est-ce que tu vois autre chose que ton reflet?

Décale un peu le miroir.

Tu vois des objets derrière toi parce que la lumière rebondit dessus puis entre en contact avec le miroir.

Demande à un ami de marcher de long en large derrière toi. Est-ce que tu arrives à garder son image dans le miroir?

Tu es obligé d'incliner le miroir pour voir ton ami se déplacer.

Fabrique un périscope

Voici comment fabriquer un périscope avec des miroirs.

Il te faut:
une boîte en carton tout en longueur,
2 petits miroirs de la même taille,
des ciseaux,
du Scotch.

1. Demande à un adulte de pratiquer deux fentes dans deux côtés opposés du carton, en les incisant près des bords supérieurs et inférieurs.

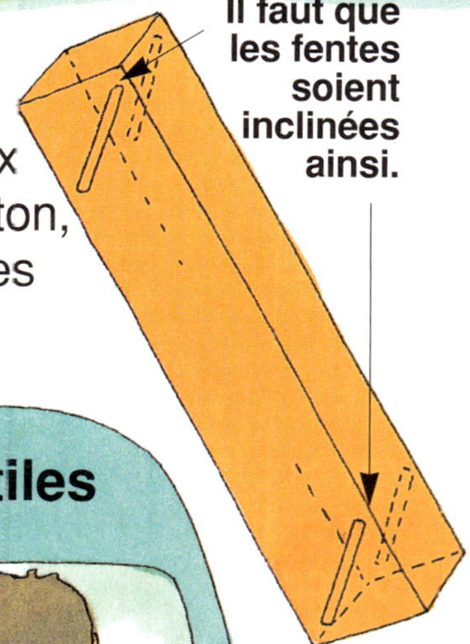

Il faut que les fentes soient inclinées ainsi.

Les miroirs utiles

Les conducteurs se servent de rétroviseurs pour voir les autres voitures sur la route derrière eux.

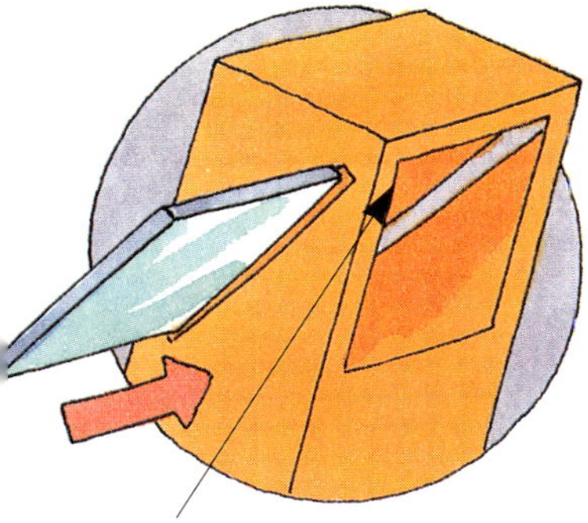

Découpe la fenêtre dans le côté du carton qui est le plus près du haut des fentes.

◀ 2. Découpe une fenêtre à la hauteur des incisions supérieures. Passe un miroir dans ces deux fentes, le côté brillant face à la fenêtre, et scotche-le.

3. Au niveau des incisions inférieures, découpe encore une fenêtre de l'autre côté du carton. Glisse le deuxième miroir dans les fentes et fixe-le avec du Scotch. ▶

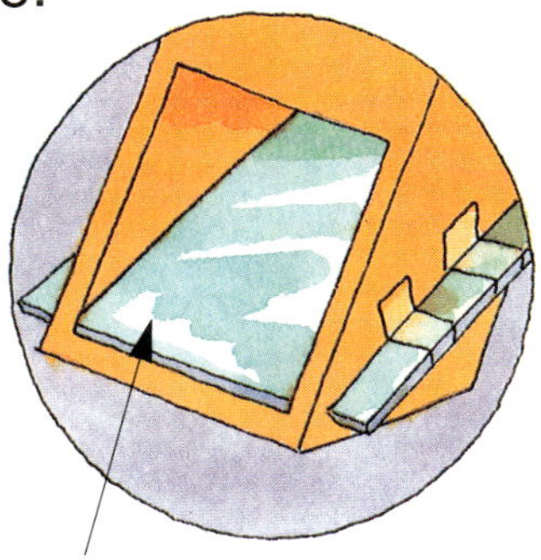

Le côté brillant fait face à la fenêtre.

4. Pointe le périscope au-dessus d'un mur et regarde par la fenêtre du bas. Que vois-tu?

Explication

Tu vois des objets de l'autre côté du mur parce qu'ils renvoient de la lumière sur le miroir supérieur.

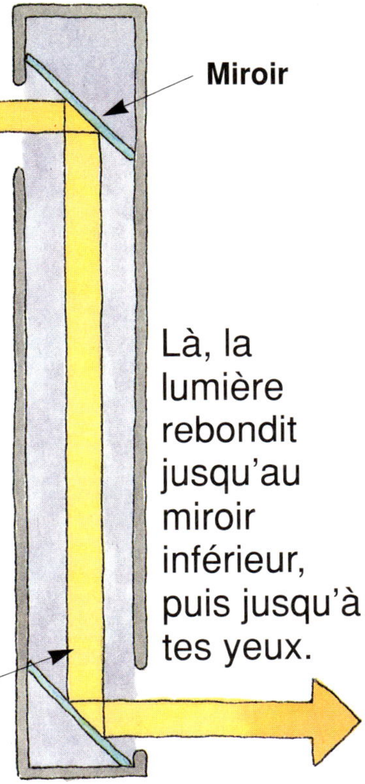

La lumière rebondit d'un miroir à l'autre le long de la boîte.

Monte le périscope

L'équipage d'un sous-marin peut regarder ce qui se passe à la surface en élevant un périscope au-dessus de l'eau.

La lumière transmet des images à l'équipage installé en bas.

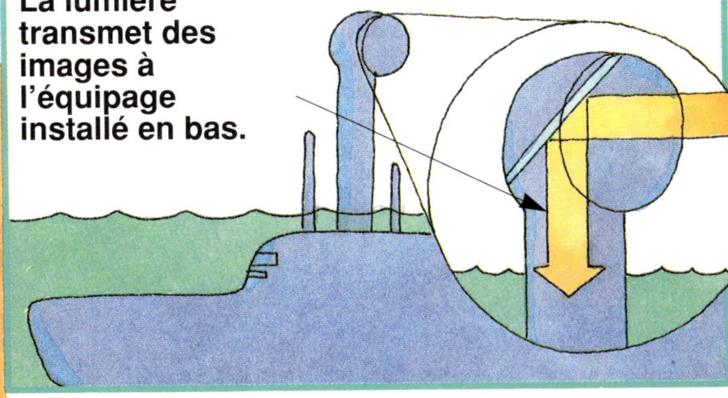

Les effets d'optique

La lumière peut produire des effets d'optique étonnants. On ne peut pas toujours croire ce que l'on voit.

Droite ou tordue?

Mets une paille dans un verre d'eau. Regarde-la d'en haut. Que lui arrive-t-il?

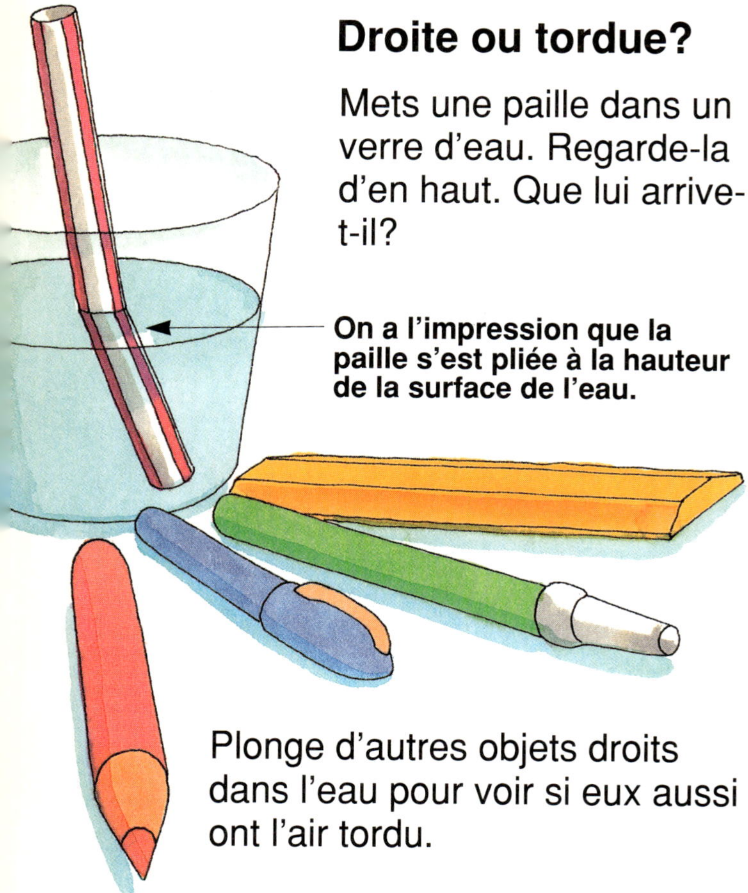

Plonge d'autres objets droits dans l'eau pour voir si eux aussi ont l'air tordu.

La lumière avance moins vite dans l'eau que dans l'air. A mesure qu'elle ralentit, elle change de direction. C'est pourquoi les choses droites peuvent paraître tordues dans l'eau.

Une pièce apparaît

Avec du Scotch, colle une pièce de monnaie au fond d'un saladier. Regarde-la par-dessus le bord du saladier, puis recule jusqu'à ce que tu ne la voies plus.

Sans bouger, demande à un ami de verser de l'eau dans le saladier. Que se passe-t-il?

Lorsque le saladier est vide, son rebord t'empêche de voir la pièce.

Quand le saladier est plein, la lumière s'infléchit (change de direction) de façon à passer par-dessus le rebord du saladier. Et tu vois alors la pièce.

Change les formes

Rassemble plusieurs objets (il faut que tu puisses voir à travers). Tiens chaque objet devant un livre. Qu'arrive-t-il aux caractères imprimés?

Essaie avec ceux-ci.

Les caractères ont l'air de changer de forme, car la lumière est infléchie lorsqu'elle traverse n'importe quel objet transparent.

Une règle

De la glace

Une bille

Une paire de lunettes

Selon la forme de l'objet, la lumière est plus ou moins infléchie.

Remplis un bocal en verre propre avec de l'eau et pose-le devant une page du livre.

Les caractères ont l'air plus gros vus à travers le bocal.

Le bocal et l'eau forment une masse solide incurvée. Cette masse infléchit la lumière de façon à agrandir les caractères. C'est ce qu'on appelle le grossissement.

A la piscine

Une piscine paraît moins profonde qu'elle ne l'est en réalité, car la lumière est infléchie par l'eau. C'est aussi la raison pour laquelle les jambes des baigneurs ont l'air courtes et grosses.

Le verre grossissant

Une loupe est faite à partir d'un morceau solide de verre bombé qui s'appelle une lentille. Comme le bocal d'eau, les lentilles infléchissent la lumière.

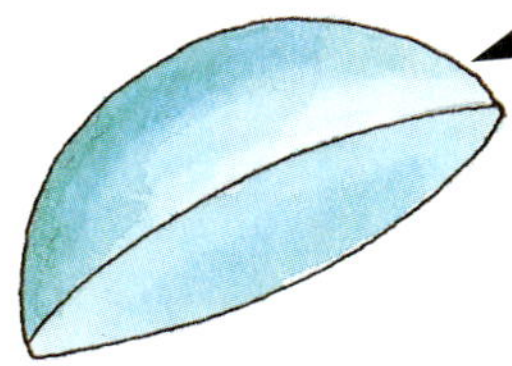

Cette lentille est coupée en deux pour te donner une idée de sa forme bombée.

On utilise des lentilles dans les microscopes pour que les choses minuscules apparaissent beaucoup plus grosses.

Microscope

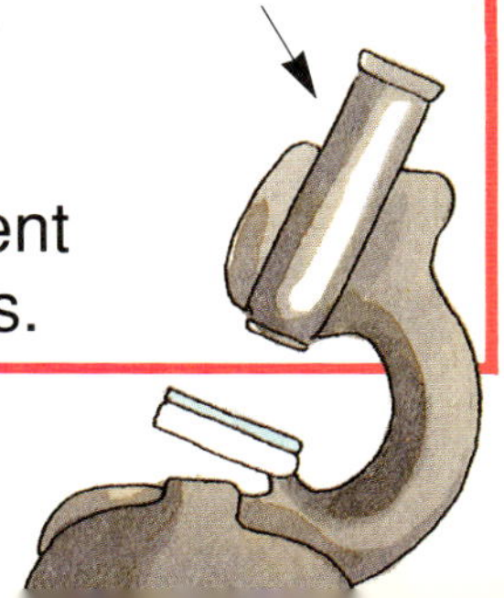

Créer des images

Les photos sont des images faites à partir de rayons de lumière. Ici, tu découvriras comment la lumière peut créer des images et aussi comment elle te permet de les voir.

Fabrique un sténoscope

La lumière fait paraître des images momentanément à l'intérieur du sténoscope.

Découpe le dessus de la boîte, puis peins l'intérieur en noir. Laisse sécher la peinture. Colle le papier-calque sur l'ouverture avec du Scotch.

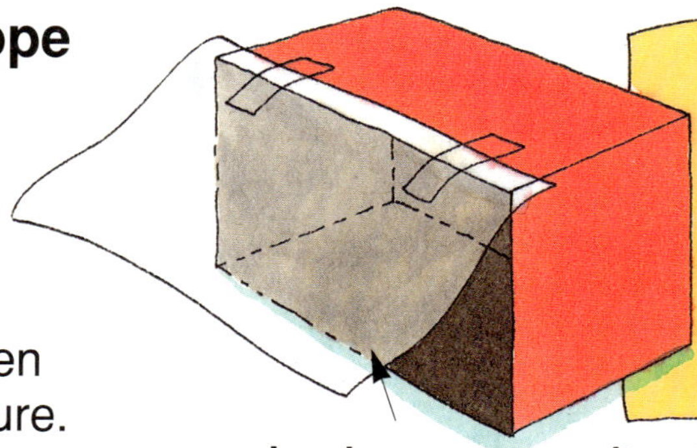

Les images apparaîtront sur l'écran formé par le papier-calque.

Il te faut:
une boîte en carton,
de la peinture noire et un pinceau,
du papier calque,
du Scotch, des ciseaux,
une épingle,
du tissu noir.

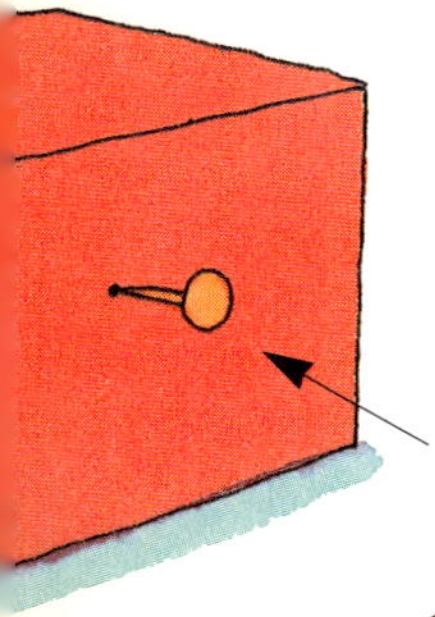

A l'aide d'une épingle, perce un trou minuscule dans la boîte, face à l'écran de papier-calque.

Va dehors. Tiens l'écran à la hauteur de tes yeux. Demande à un ami de couvrir ta tête et les côtés de la boîte avec un morceau de tissu noir.

Oriente le trou vers différents objets pour produire une image sur l'écran. Remarques-tu quelque chose d'étonnant?

La formation des images

Des rayons de lumière rebondissent sur les objets et projettent une image sur l'écran en passant par le trou d'épingle.

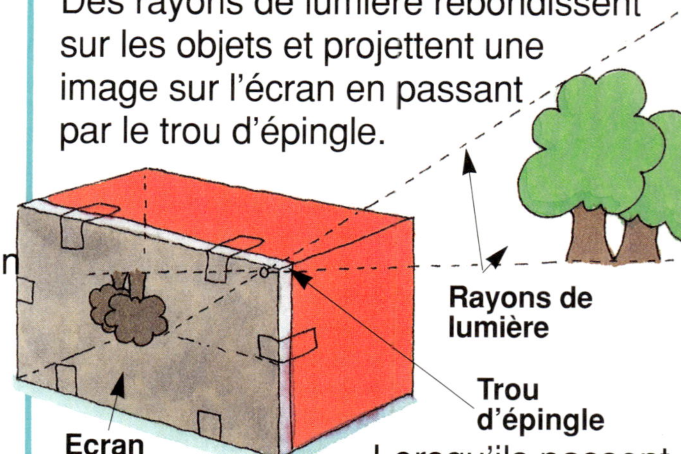

Lorsqu'ils passent par le trou, les rayons se croisent et produisent donc une image inversée.

Quand on prend des photos

A la place d'un écran, les vrais appareils photo contiennent une pellicule située à l'arrière.

Lorsqu'on appuie sur un bouton, un obturateur laisse entrer la lumière. Celle-ci produit une image sur la pellicule. Cette image peut être reproduite sur du papier pour faire une photo.

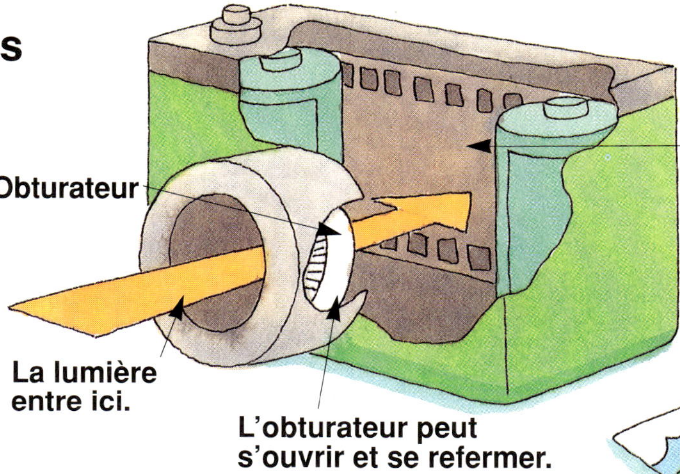

Comment tes yeux voient les images

Tes yeux fonctionnent selon les mêmes principes que le sténoscope. Un trou (qui s'appelle la pupille) situé sur le devant de l'œil laisse passer la lumière.

La lumière projette une image sur le fond de l'œil. Cette partie de l'œil s'appelle la rétine.

Voici une illustration de l'intérieur de l'œil.

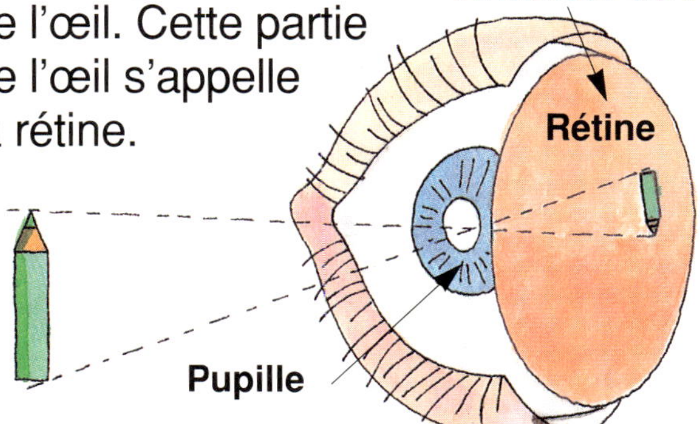

L'image est à l'envers. C'est ton cerveau qui la retourne pour que tu voies les choses à l'endroit.

Observe tes yeux

Reste dans une pièce peu éclairée pendant quelques minutes, puis regarde tes yeux dans un miroir. Examine surtout les pupilles. Puis allume la lumière. Tu verras que les pupilles s'étaient agrandies et que maintenant elles rétrécissent.

Quand il y a peu de lumière, les pupilles s'ouvrent pour laisser passer davantage de lumière, ce qui te permet de mieux voir.

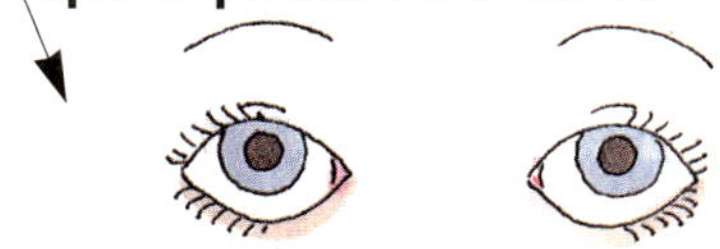

Par une lumière forte, les pupilles se referment pour empêcher qu'un excès de lumière fasse mal aux yeux.

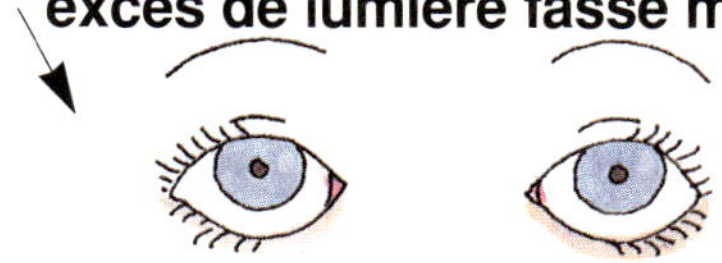

La couleur de la lumière

En général, la lumière paraît transparente ou blanche, mais en fait elle est composée d'un mélange de couleurs.

Fais ton propre arc-en-ciel

Tu peux faire apparaître les diverses couleurs de la façon suivante.

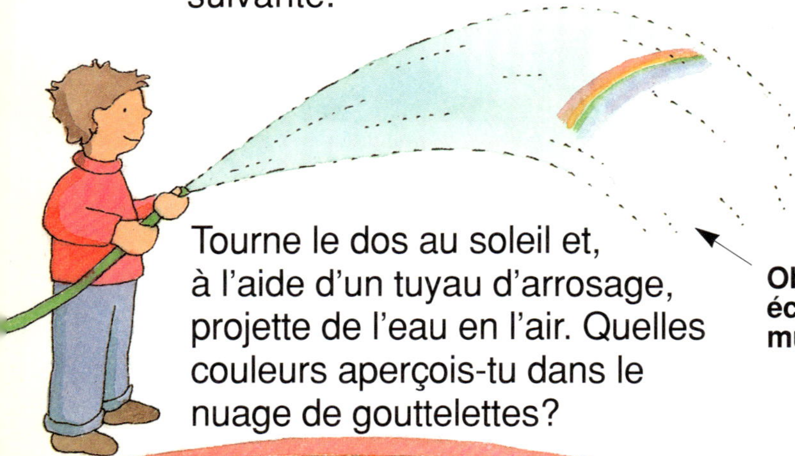

Tourne le dos au soleil et, à l'aide d'un tuyau d'arrosage, projette de l'eau en l'air. Quelles couleurs aperçois-tu dans le nuage de gouttelettes?

Observe les éclaboussures contre un mur foncé ou un buisson.

La roue des couleurs

Il te faut :
du carton, un bocal, des crayons de couleur, des ciseaux, un crayon à papier, une règle.

Tu peux voir les couleurs se transformer sur cette toupie colorée.

Trace un cercle autour du fond d'un bocal et découpe-le.

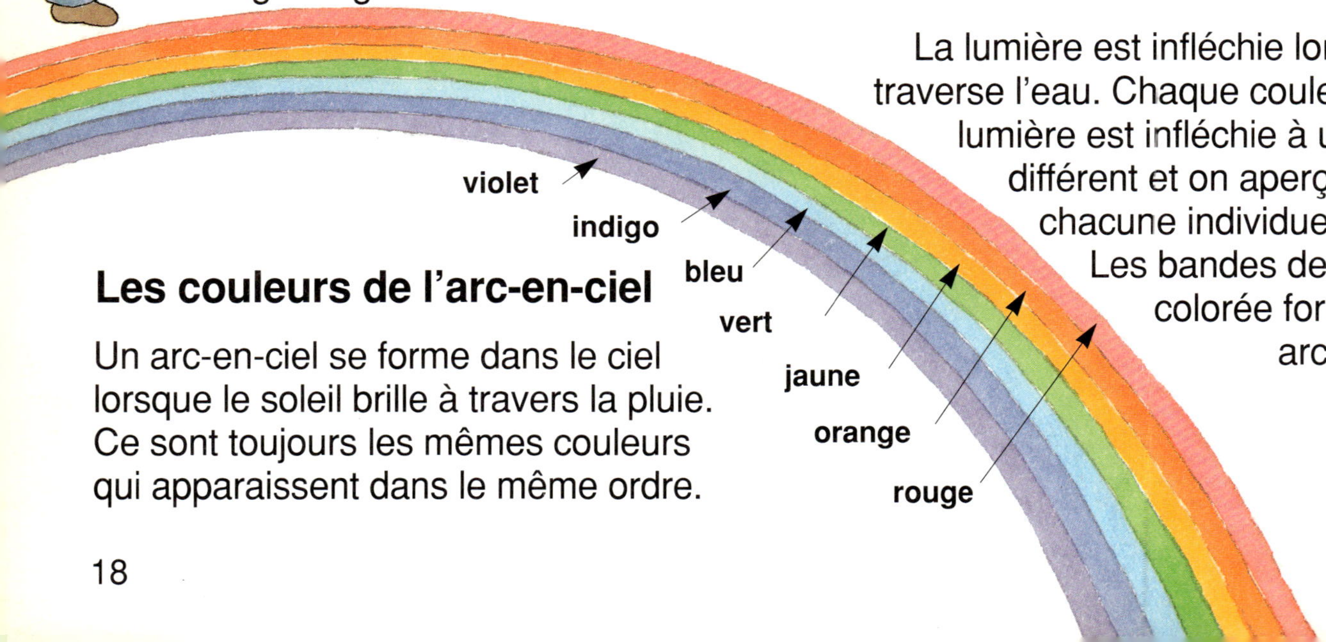

Les couleurs de l'arc-en-ciel

Un arc-en-ciel se forme dans le ciel lorsque le soleil brille à travers la pluie. Ce sont toujours les mêmes couleurs qui apparaissent dans le même ordre.

La lumière est infléchie lorsqu'elle traverse l'eau. Chaque couleur de la lumière est infléchie à un angle différent et on aperçoit donc chacune individuellement. Les bandes de lumière colorée forment un arc-en-ciel.

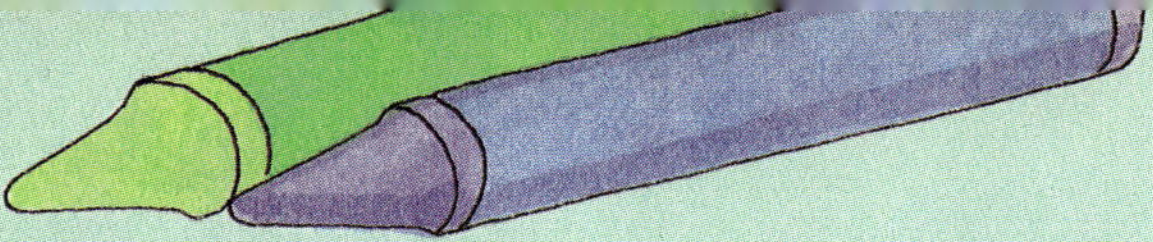

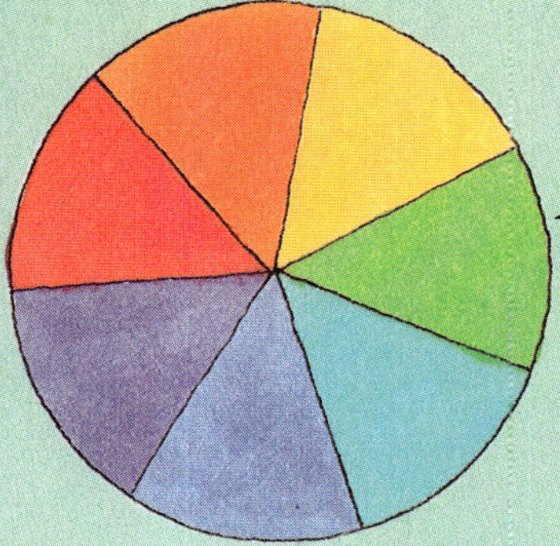

Sers-toi de ce guide.

Enfonce un crayon pointu au milieu du cercle. Fais-le tourner très vite sur la table. Regarde ce qui arrive aux couleurs.

Divise le cercle en sept parties à peu près égales. Colorie chacune avec une couleur de l'arc-en-ciel.

Une couleur de lumière différente rebondit sur chaque partie de la roue. Quand celle-ci tourne, les couleurs se mêlent et créent une seule couleur très pâle.

Des objets colorés

La plupart des objets ne renvoient que certaines couleurs de la lumière. Tu aperçois ces couleurs quand elles rebondissent.

Ce poivron rouge paraît rouge, car seule la lumière rouge rebondit sur lui.

Si toutes les couleurs sont renvoyées par un objet, on les voit toutes mélangées. Ce mélange produit une couleur blanche.

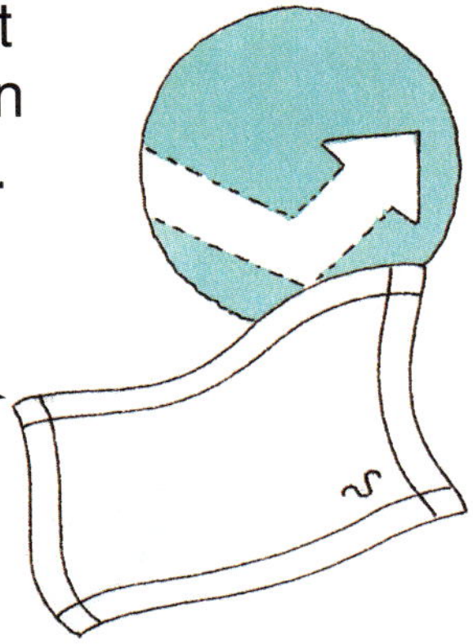

Ce mouchoir a l'air blanc, car toutes les couleurs rebondissent dessus.

D'une couleur à l'autre

Rassemble des papiers de bonbons translucides de différentes couleurs. Regarde du papier blanc à travers chaque papier de couleur. Est-ce que le papier a toujours l'air blanc?

Toutes les couleurs rebondissent sur le papier blanc, tandis que les papiers de couleur ne laissent passer que la couleur qui est la leur. On a donc l'impression que le papier blanc est de la même couleur que le papier de bonbon.

La lumière et l'ombre

En présence de lumière, les objets projettent toujours une ombre. Tu vas découvrir comment se forment les ombres.

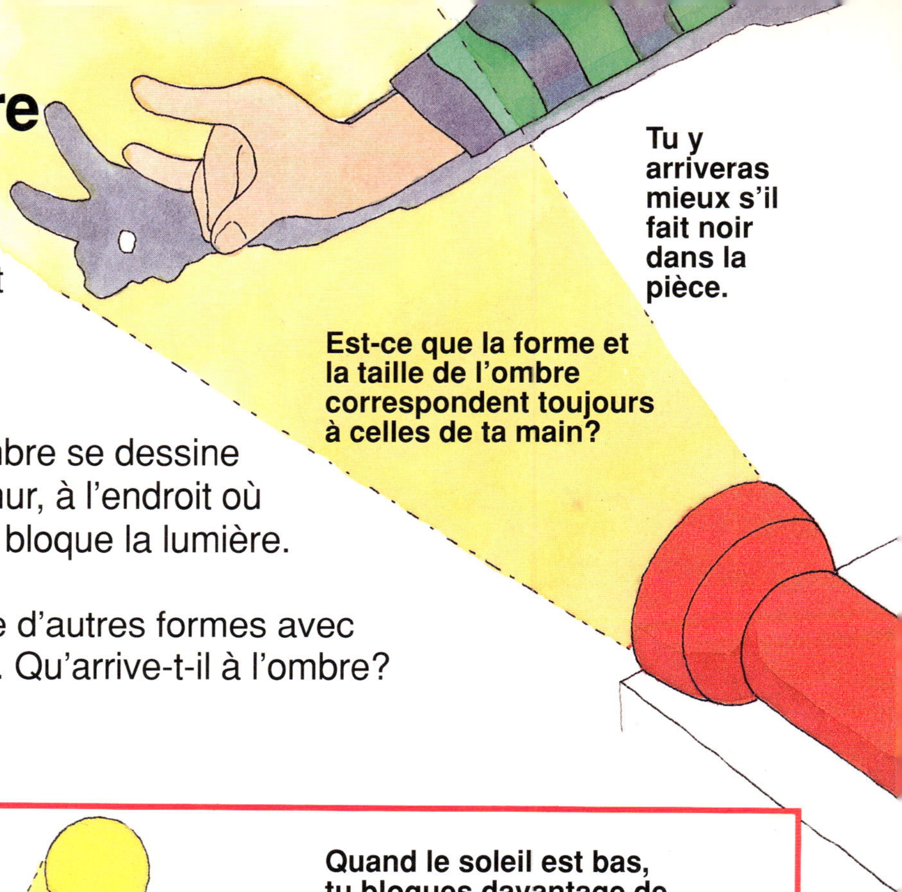

Fais des ombres

Place une lampe de poche sur une chaise et tourne-la vers le mur de façon à l'éclairer. Mets la main devant la lumière. Qu'est-ce que tu vois sur le mur?

Une ombre se dessine sur le mur, à l'endroit où ta main bloque la lumière.

Dessine d'autres formes avec ta main. Qu'arrive-t-il à l'ombre?

Les ombres produites par le soleil

A l'extérieur, les objets projettent des ombres, car ils empêchent la lumière du soleil d'éclairer le sol.

Lors d'une journée ensoleillée, va dehors avec un ami. De temps en temps, mesure son ombre et lui la tienne. Est-ce qu'elles sont toujours de la même longueur?

A midi, lorsque le soleil est très haut, toutes les ombres sont courtes.

Les ombres sont plus longues le matin et le soir, lorsque le soleil est bas.

Construis un théâtre d'ombres chinoises

Découpe le haut et le fond d'une boîte en carton. Taille des fentes dans chaque côté (voir ci-contre). ▶

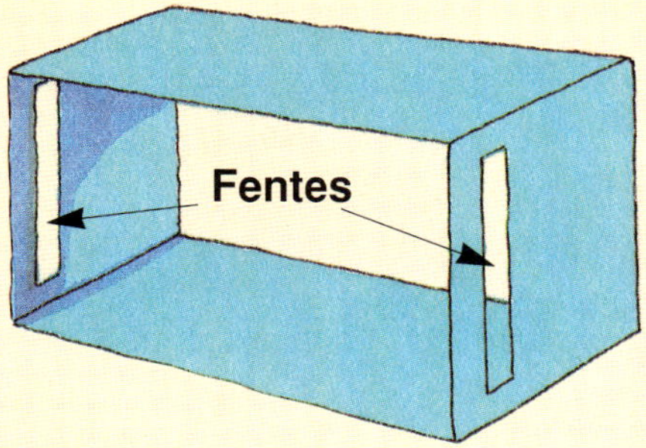

◀ Découpe des formes dans du carton. Colle-les sur une règle avec du Scotch.

Colle du papier-calque sur l'une des ouvertures avec du Scotch. Introduis les formes découpées par les fentes. Eclaire-les par derrière pour projeter leur ombre. ▶

Fais des ombres chinoises dans une pièce non éclairée.

Un cadran solaire

Par un matin ensoleillé, de bonne heure, plante un bâton dans la terre. Repère l'extrémité de son ombre en y plaçant un caillou.

Avec de la craie, inscris l'heure sur le caillou.

Au bout d'une heure, va voir où se trouve l'ombre. De nouveau, pose un caillou à son extrémité. Recommence toutes les heures jusqu'à la fin de la journée.

L'ombre se déplace parce que le soleil se déplace dans le ciel. L'ombre se forme toujours à l'opposé du côté qui fait face au soleil.

Le lendemain, tu peux lire l'heure en regardant sur quel caillou est projetée l'ombre.

Les cailloux permettent de repérer la progression de l'ombre.

Notes à l'intention des parents et des enseignants

Les notes suivantes ont pour but de vous aider à répondre à toutes questions relatives aux activités décrites dans ce livre.

La lumière se déplace (pages 4-5)

Des rayons de lumière sont émis par toutes les sources lumineuses. A mesure qu'ils avancent, ils divergent. Les objets éloignés d'une source lumineuse en sont moins bien éclairés que les objets rapprochés, car moins de rayons se posent sur une même superficie.

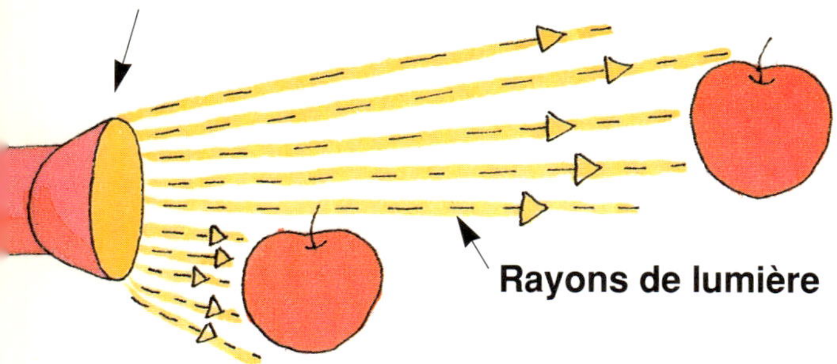

> **La sécurité et les miroirs**
>
> Collez du Scotch sur les bords et au dos d'un miroir en verre pour le rendre moins dangereux. Si jamais un enfant le casse, le Scotch empêchera le verre de s'éparpiller.

Les reflets (pages 8-9)

En fonction de l'angle selon lequel ils rebondissent sur un miroir, les rayons de lumière dessinent une image (ou un reflet) différente dans le miroir.

Rayons de lumière reflétés par un miroir plat.

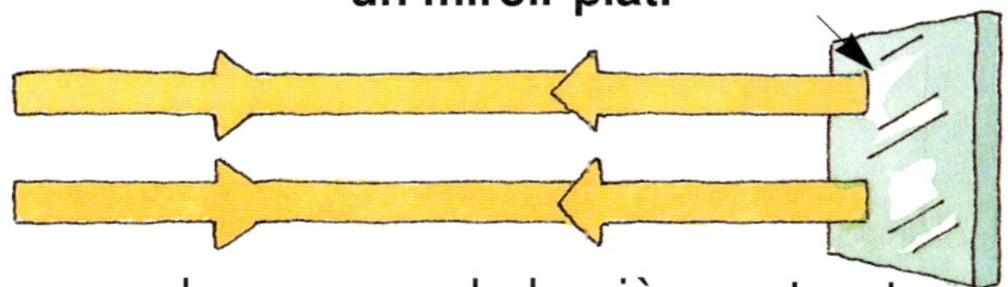

Lorsque les rayons de lumière entrent en contact de front avec un miroir plat, celui-ci les renvoie dans le sens opposé. L'image est de la même taille que l'objet.

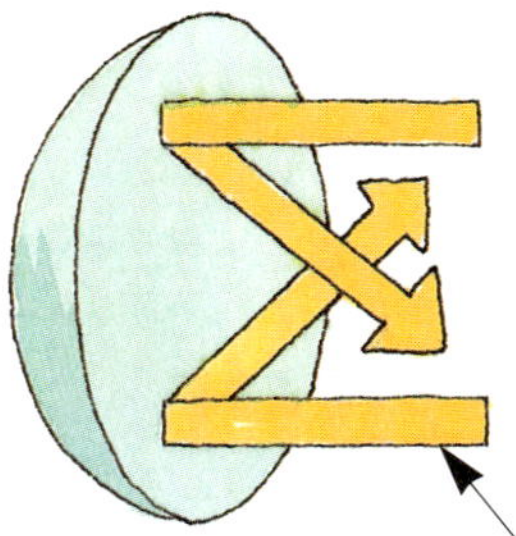

Lorsque les rayons de lumière entrent en contact avec un miroir concave, ils rebondissent vers l'intérieur et se croisent. Par conséquent, on voit l'image à l'envers, à moins d'être très près du miroir.

Rayons de lumière reflétés par un miroir concave.

Un miroir convexe fait diverger les rayons de lumière. Par conséquent, l'image paraît plus petite que l'objet réel.

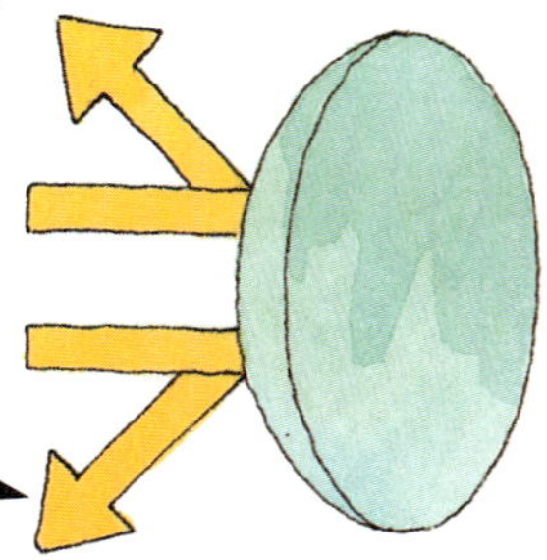

Rayons de lumière reflétés par un miroir convexe.

Des reflets changeants (pages 10-11)

Plus l'angle entre deux miroirs est petit, plus la lumière rebondit de l'un à l'autre. On obtient donc plus de reflets. Théoriquement, à partir d'un point situé entre deux miroirs parallèles, on arrive à voir un nombre infini de reflets. Mais en réalité, c'est impossible, car on ne peut se tenir entre deux miroirs sans faire obstruction à la lumière reflétée.

Les effets d'optique (pages 14-15)

Les rayons de lumière changent de direction lorsqu'ils passent d'une matière à une autre (de l'air à l'eau, par exemple): c'est ce qu'on appelle la réfraction.

Les verres grossissants

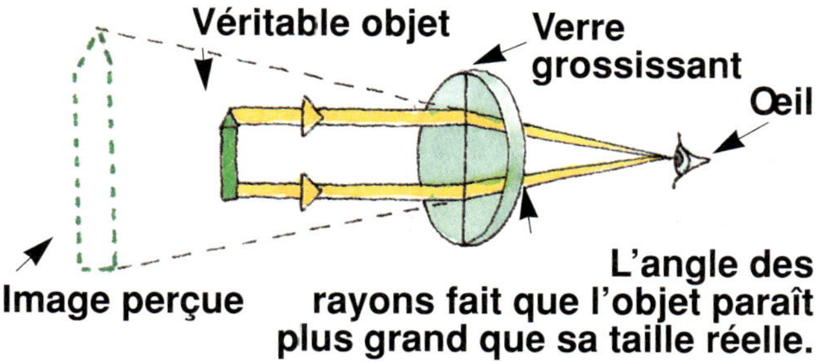

Lorsque des rayons de lumière reflétés par un objet passent à travers un verre grossissant, celui-ci les fait converger. Du fait de l'angle selon lequel les rayons rentrent dans l'œil, l'image que vous voyez est plus grande que l'objet.

Créer des images (pages 16-17)

L'image visible à l'intérieur d'un sténoscope risque d'être un peu floue si les rayons en provenance d'un point particulier de l'objet ne convergent pas vers le même endroit de l'écran. Dans les appareils photo modernes (comme dans l'œil de l'homme), une lentille infléchit les rayons: ainsi, ils se rejoignent pour produire une image nette.

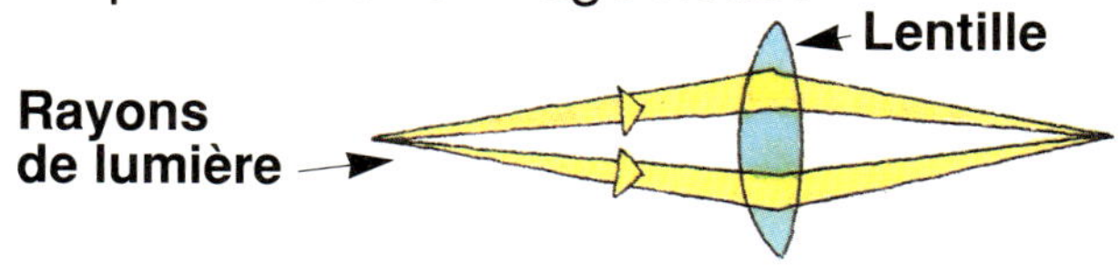

La couleur de la lumière (pages 18-19)

Les différentes couleurs de la lumière rebondissent sur différents segments de la toupie. A mesure qu'elle tourne, elles se mélangent et produisent une seule couleur. On dirait presque du blanc mais pas tout à fait, car les couleurs sur la toupie ne sont pas semblables à celles de la lumière.

La lumière et l'ombre (pages 20-21)

Le cadran solaire n'indique l'heure correcte que pendant quelques jours, car la position de la Terre par rapport au Soleil change progressivement au fil de l'année. Cela modifie l'endroit où l'ombre tombe à un moment donné.

Index

Imprimé en Belgique.

SCIENCE ACTIVE
L'AIR

Helen Edom et Moira Butterfield

Conception : Sandy Wegener

Illustrations : Kate Davies

Expert-conseil : Geoffrey Puplett

Traduction : Roxane Jacobs

Sommaire

De l'air partout

Bien que tu ne le voies pas, tu es entouré d'air. Fais les expériences de ce livre pour en apprendre plus sur l'air et ses applications.

Matériel nécessaire

Les objets dont tu auras besoin pour réaliser les expériences se trouvent facilement. En voici quelques-uns.

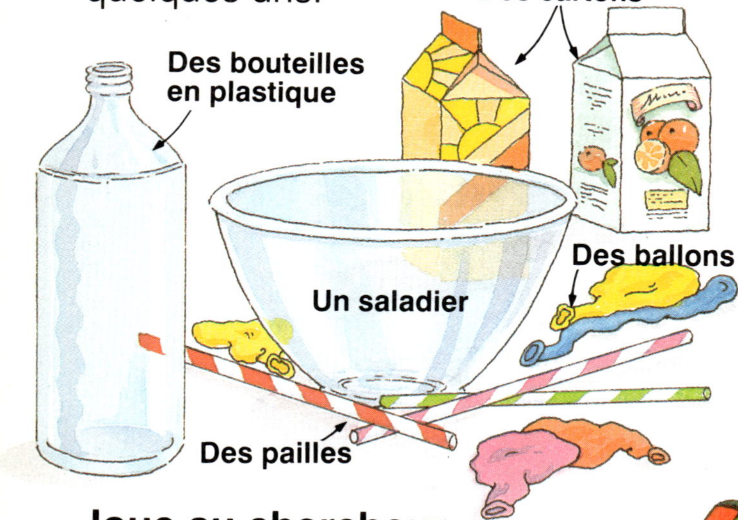

Joue au chercheur

Avant de faire une expérience, devine ce qui va se passer. Regarde bien pour voir si tu avais raison, puis note tes observations.

Sentir l'air

Comment vérifier que l'air t'entoure ? Eh bien, agite un morceau de carton devant ton visage.

Le carton déplace l'air. C'est pourquoi tu le sens sur tes joues.

L'atmosphère

Une épaisse couche d'air, appelée atmosphère, enveloppe la Terre. Au-dessus de l'atmosphère, il n'y a pas d'air du tout.

La course des petits papiers

En déplaçant de l'air, on peut faire bouger des objets. Utilise ce principe pour pratiquer le jeu suivant.

Il faut un morceau de carton et une feuille de papier par joueur. Plie l'extrémité de chaque feuille.

Délimite l'arrivée avec un fil de coton. En agitant le carton derrière les morceaux de papier, fais-les avancer.

Y a-t-il de l'air ?

Trouve une bouteille vide transparente. Fais cette expérience pour déterminer si elle est aussi vide qu'elle le semble.

Enfonce la bouteille dans une cuvette d'eau de façon qu'elle commence à se remplir. Que se passe-t-il ?

Tu vois apparaître des bulles : c'est l'air que l'eau a déplacé en pénétrant dans la bouteille. La plupart des objets paraissant vides sont en fait remplis d'air.

La pression de l'air

L'air exerce une pression sur les objets. Tu as tellement l'habitude de sentir cette pression sur toi que tu ne t'en aperçois même pas.

Du journal lourd

Déchire une feuille de papier journal en deux et pose-la bien à plat sur une table. Glisse une règle sous le journal de façon qu'elle dépasse de la table.

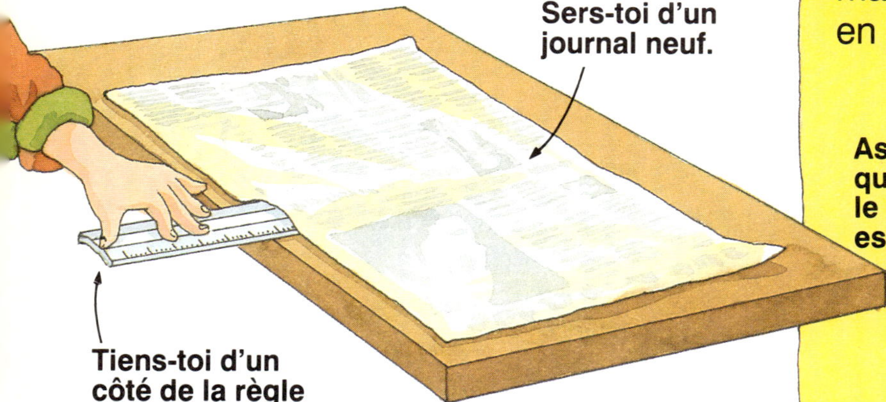

Appuie sur la règle pour voir si tu arrives à la faire sauter en l'air.

Il est difficile d'y parvenir, car l'air exerce une pression sur le journal et le maintient en place.

Sens dessus dessous

Ce tour peut être salissant : réalise-le au-dessus d'une cuvette.

Verse de l'eau à ras bord dans une tasse en plastique.

Couvre la tasse d'un morceau de carton et retourne-la, tout en maintenant le carton en place.

Lâche le carton. Que se passe-t-il ?

L'air exerce une pression sur le carton, ce qui le maintient en place. L'eau est ainsi retenue dans la tasse.

Le carton qui s'affaisse

Bois le contenu d'un carton de jus de fruit avec une paille. Continue à aspirer pour en faire sortir l'air. Observe ce qui arrive.

Lorsque le carton est complètement vide, l'air extérieur exerce une pression sur les côtés, ce qui les enfonce.

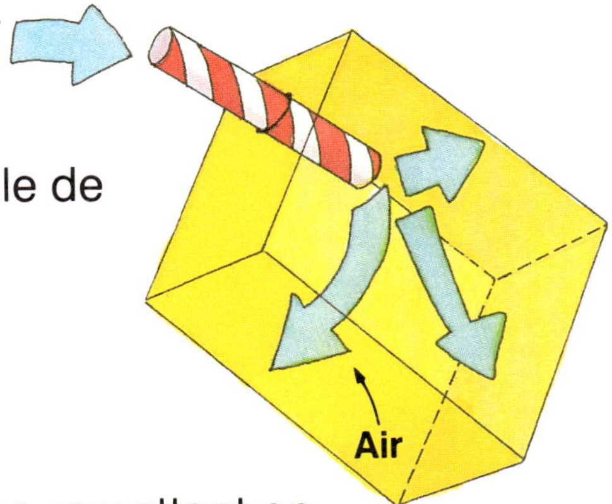

Sors la paille de ta bouche. Observe le carton.

Les côtés se remettent en place, car l'air qui pénètre dans le carton les repousse.

Que devient le carton si tu y introduis encore plus d'air ?

Le gonflage

Essaie de gonfler un pneu de bicyclette. Tâte-le de temps en temps pour voir s'il est dur.

L'air exerce une plus forte pression lorsqu'il est compressé. Plus tu mets d'air dans le pneu, plus il durcit.

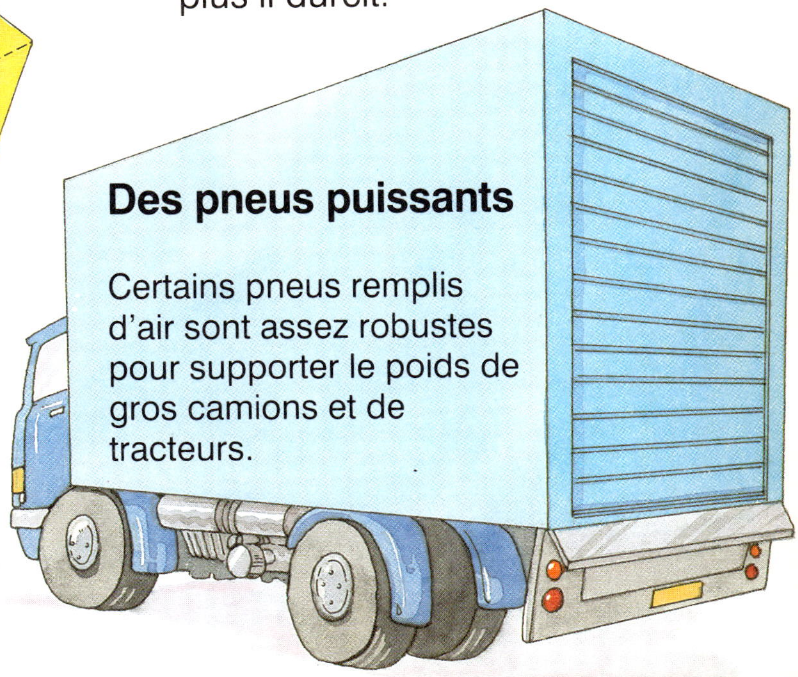

Des pneus puissants

Certains pneus remplis d'air sont assez robustes pour supporter le poids de gros camions et de tracteurs.

Les changements de taille

Lorsque l'air se réchauffe, il se dilate. Autrement dit, il occupe plus de place.

Le creux qui disparaît

Que se passe-t-il si on réchauffe l'air à l'intérieur d'une balle de ping-pong ?

D'abord, fais un creux dans la balle. Ensuite, place-la dans un verre rempli d'eau tiède.

L'eau réchauffe l'air dans la balle, et il se dilate. A mesure qu'il se dilate, il repousse le plastique.

La pièce qui saute

Fais sauter une pièce de monnaie grâce au principe de l'expansion.

Place une bouteille à goulot long dans une cuvette profonde. Mouille le haut de la bouteille et poses-y une pièce de monnaie. Puis verse de l'eau chaude dans la cuvette.

L'eau chaude réchauffe l'air dans la bouteille. L'air se dilate et repousse la pièce vers le haut.

Le refroidissement

Fais cette expérience pour découvrir ce qui arrive lorsque l'air se refroidit.

Mets d'abord des glaçons dans un sac en plastique et pile-les avec un rouleau à pâtisserie. Verse-les dans une bouteille en plastique. Remets le bouchon.

Secoue la bouteille, puis pose-la. Observe ce qui lui arrive au fur et à mesure que la glace refroidit l'air qui se trouve à l'intérieur.

Les orages

Durant un orage, les éclairs réchauffent l'air ambiant (qui les entoure). Cet air se dilate si rapidement qu'il produit un bruit très fort. C'est le tonnerre.

Lorsque l'air se refroidit, il se contracte. Les côtés de la bouteille s'affaissent pour occuper l'espace vide à l'intérieur.

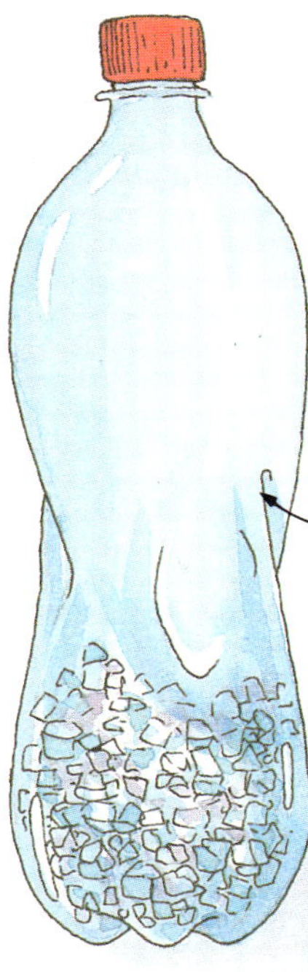

L'air monte

Lorsque l'air se réchauffe, il devient plus léger et monte.

Une plume en suspension

Fais tomber une petite plume d'oreiller au-dessus d'un radiateur chaud. Dans quelle direction flotte-t-elle ?

Le radiateur chauffe l'air ambiant, qui monte et soulève la plume.

Ne fais pas cette expérience au-dessus d'un feu de bois.

Les montgolfières

On peut voyager dans un panier accroché sous un très grand ballon, appelé montgolfière. Des brûleurs chauffent l'air dans le ballon, ce qui le fait monter. Pour atterrir, on laisse l'air refroidir et le ballon redescend à terre.

Un serpent qui se tortille

Fais se tortiller ce serpent grâce à de l'air chaud.

Trace un cercle à l'aide d'une assiette posée sur un morceau de papier. Découpe-le.

Fais tourner ton crayon à l'intérieur du cercle de façon à dessiner une spirale. Colorie-la comme un serpent, puis découpe-la.

Utilise une aiguille pour passer du fil de coton à travers la tête du serpent.

Le courant d'air

Lors d'une journée froide, va dans une pièce chauffée et ferme la porte.

Tiens une bande de papier de soie devant la porte, au ras du sol. Regarde si le papier bouge.

A mesure qu'il se réchauffe, l'air contenu dans la pièce monte. De l'air plus frais rentre sous la porte pour occuper le vide créé par l'air qui monte. Ce courant d'air froid fait voleter le papier de soie.

Tiens le serpent ou accroche-le au-dessus d'un radiateur.

L'air qui monte le fera bouger.

Pourquoi y a-t-il du vent ?

Le vent existe parce que le soleil réchauffe certaines étendues de terre et de mer. Celles-ci réchauffent l'air ambiant, un peu comme un radiateur.

L'air chaud monte; de l'air froid remplit le vide qui se forme en dessous. C'est ce mouvement de l'air qu'on appelle le vent.

Le vent

Le vent, c'est de l'air qui se déplace. Tu le sens souffler sur toi et vois voleter les objets emportés par sa force.

Puissant et léger

Observe ce qui bouge dans le vent.

Un vent léger, appelé une brise, peut emporter la fumée, agiter les drapeaux ou faire bruire les feuilles.

Un vent très fort, telle une bourrasque, peut secouer les arbres et briser leurs branches.

Le vent et la pluie

Observe des nuages qui traversent le ciel. Le vent les fait avancer et ils transportent ainsi la pluie d'un endroit à un autre.

Le vent dangereux

Le vent le plus fort s'appelle un ouragan. Les ouragans peuvent se déplacer à 320 kilomètres/heure et emporter les autos, les arbres et les maisons.

Un vent changeant

Essaie de déterminer la direction du vent. Les expériences suivantes t'y aideront.

Mouille un doigt et pointe-le dans l'air. Tu sentiras le froid du côté se trouvant face au vent.

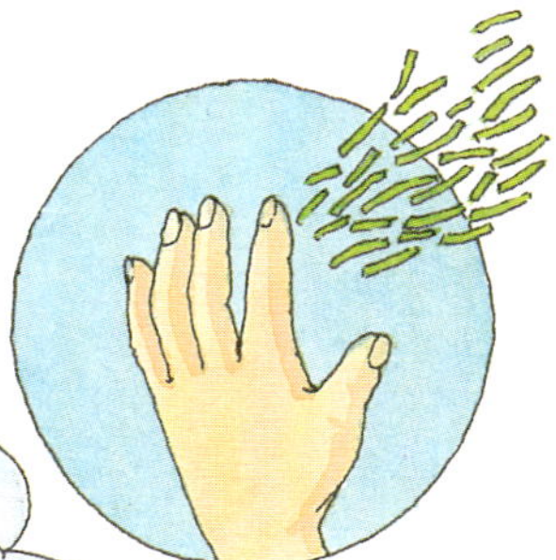

Jette de l'herbe en l'air et observe dans quel sens le vent l'emporte.

Fais ces expériences à plusieurs reprises dans la journée pour voir combien de fois le vent a changé de direction.

Fabrique une girouette

Tu peux fabriquer une girouette pour déterminer la direction du vent.

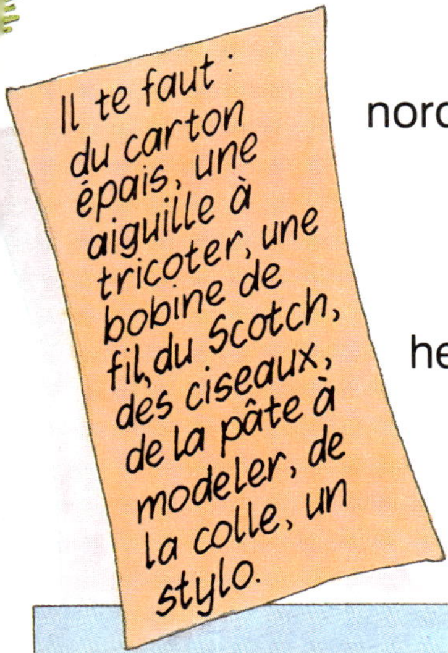

Inscris les directions, nord, sud, est et ouest sur du carton (voir ci-dessous).

Un matin de bonne heure, va dehors et pose ton carton de sorte que l'est soit tourné vers le Soleil.*

Tôt le matin, le Soleil se trouve toujours à l'est.

Découpe une flèche dans du carton. Scotche-la sur la bobine. Colle un cercle de carton sur le dessus de la bobine.

La queue doit être aussi large que celle-ci.

Colle de la pâte à modeler au milieu du carton et enfonces-y l'aiguille, la pointe vers le haut. Place la bobine au sommet.

Orientée ainsi, la flèche indique que le vent vient du nord.

Utilise des pierres pour maintenir le carton à plat.

La flèche indique la provenance du vent.

Trace un tableau comme celui-ci pour y inscrire la direction et la force du vent jour après jour.

On nomme les vents en fonction de leur provenance. Par exemple, le vent du nord souffle du nord.

** Ne regarde jamais le Soleil directement : tu pourrais te brûler les yeux.*

L'air source d'énergie

On peut se servir de l'air pour faire bouger des objets. Mets en pratique les idées suivantes, puis cherche d'autres moyens d'utiliser l'air comme source d'énergie.

De petits voiliers

Fais avancer un récipient en plastique vide sur de l'eau en soufflant dessus.

Enfonce une aiguille à tricoter dans du papier pour former une voile. Fais tenir l'aiguille droite dans le récipient avec de la pâte ◄ à modeler.

Il est facile, maintenant, de faire avancer le bateau en soufflant sur la voile.

Si davantage d'air exerce une pression sur la voile, le bateau avancera plus vite. Essaie d'autres voiles de tailles différentes pour voir laquelle marche le mieux.

Un ballon-fusée

Ce ballon en forme de fusée est propulsé grâce à l'air.

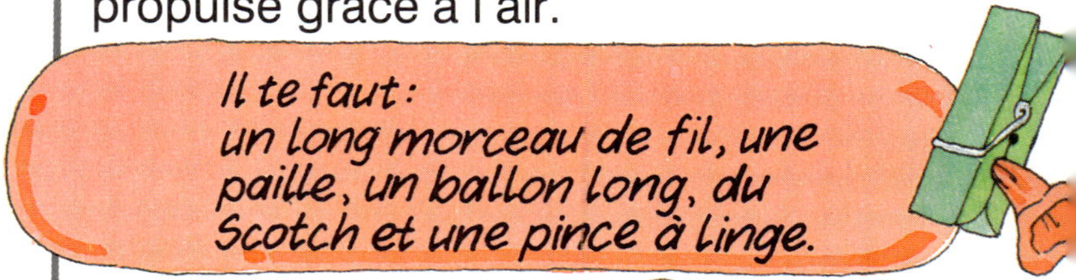

Fais passer le fil dans la paille. Puis fixe-le entre deux chaises.

Gonfle le ballon et place la pince à linge sur l'ouverture pour empêcher l'air de sortir. Scotche la paille sur le ballon.

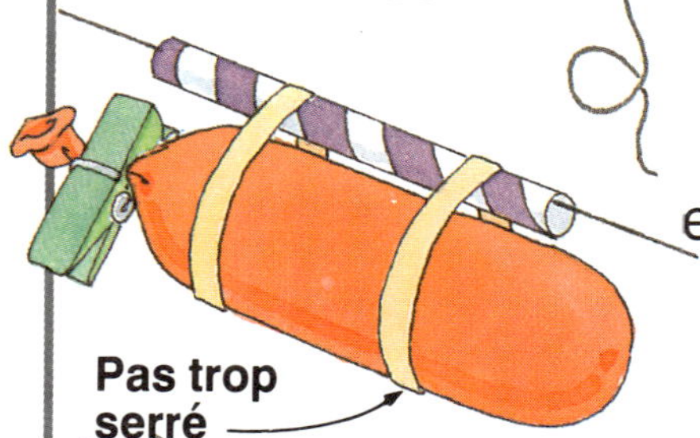

Fais glisser la paille jusqu'à une extrémité du fil; enlève la pince du ballon.

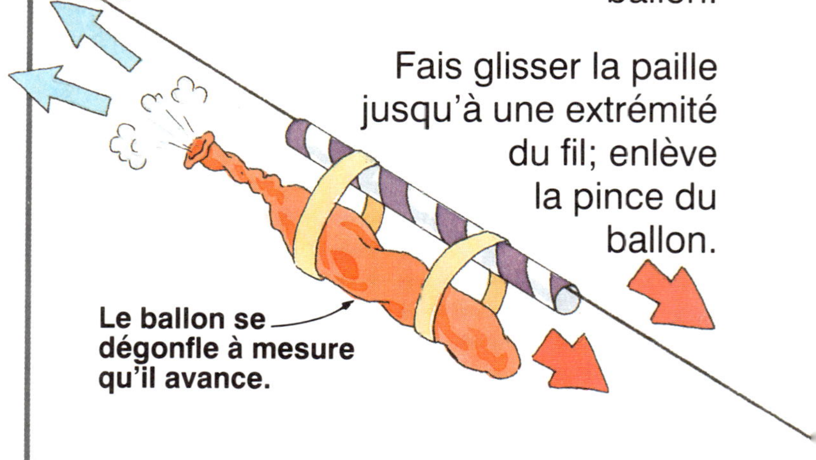

L'air s'échappe précipitamment, ce qui propulse le ballon.

Les moulins à vent

Ils servaient jadis à moudre le blé pour le transformer en farine. Le vent faisait tourner les ailes, qui activaient la machinerie à l'intérieur.

Il te faut : du carton fin, de la pâte à modeler, une paille, des pinces à linge, du fil, 2 cure-dents, des boutons, un crayon, du papier-calque, du Scotch.

Le treuil à vent

Il permet de monter ou de descendre des objets.

1. Avec du papier-calque, reproduis le cercle ci-dessous sur du carton. Troue le milieu. Puis coupe le long des lignes, tu ◂ obtiens une hélice.

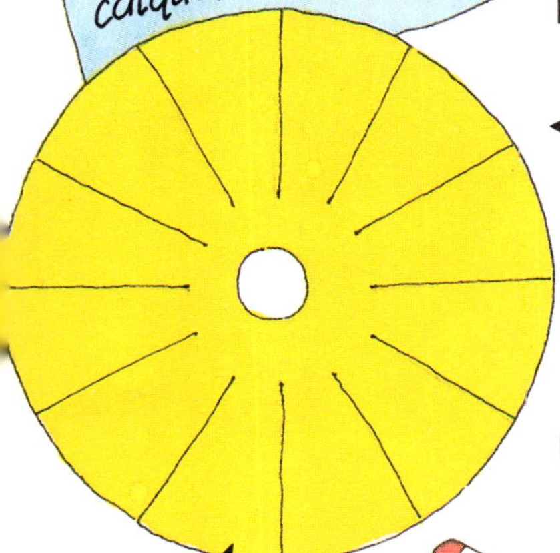

Utilise du papier-calque.

2. Recourbe légèrement chaque aile de l'hélice. Glisse-la le long de la paille. Fixe avec de la pâte à modeler. ▾

Recourbe toutes les ailes de l'hélice dans le même sens.

3. Enfonce les pinces dans de la pâte à modeler placée au bord d'une table : la paille doit pouvoir tenir entre les deux. Introduis un cure-dent dans chaque pince, puis dans la paille.

Pose les pinces à l'envers.

4. Noue ou colle du fil sur la paille. Attache un bouton au bout du fil.

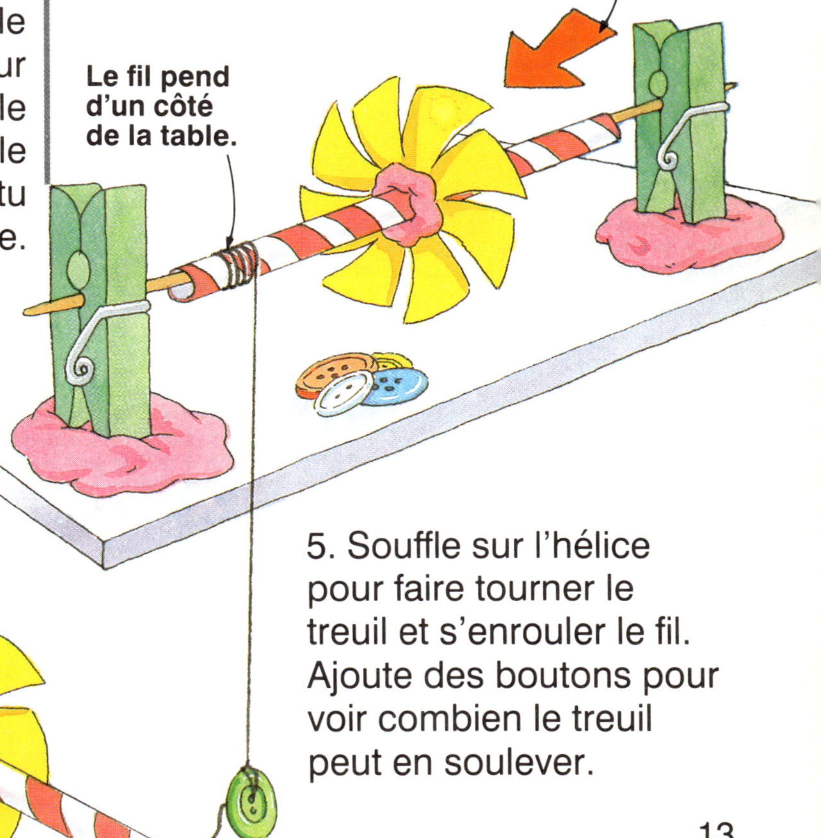

5. Souffle sur l'hélice pour faire tourner le treuil et s'enrouler le fil. Ajoute des boutons pour voir combien le treuil peut en soulever.

A travers l'air

Certaines choses se déplacent mieux dans l'air que d'autres. Ici, tu peux découvrir pourquoi.

Le mystère du papier

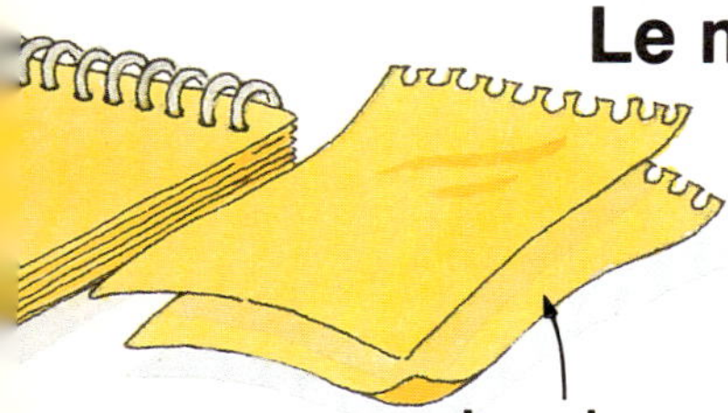

Arrache deux feuilles du même bloc de papier. Fais une boule avec l'une des feuilles.

Tiens les deux feuilles à la même hauteur et lâche-les en même temps.

Laquelle tombera par terre en premier ?

L'air exerce une pression ascendante, tandis que les feuilles vont vers le bas. Davantage d'air peut exercer une pression sur la feuille plate, qui offre une plus grande surface. C'est pourquoi elle tombe plus lentement que la boule.

La pointe de la pyramide

Plie un morceau de papier carré en deux, de façon à superposer deux coins. Déplie-le. Puis plie-le pour joindre les deux autres coins.

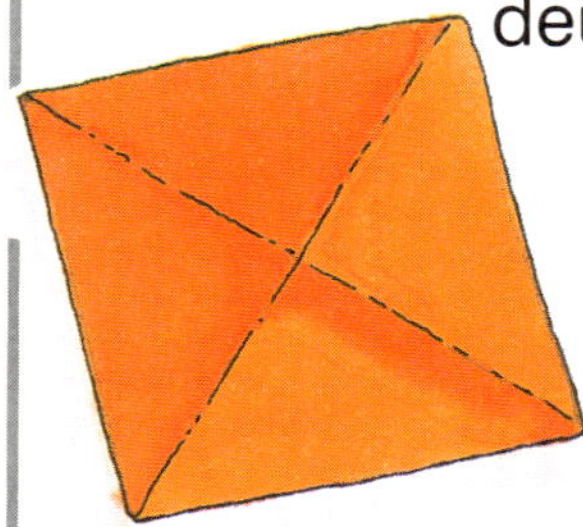

◄ Lorsque tu redéplies le papier, tu vois quatre triangles.

Enfonce un des triangles avec ton ► doigt. Rapproche les deux côtés pour pouvoir les scotcher. Tu obtiens alors une pyramide.

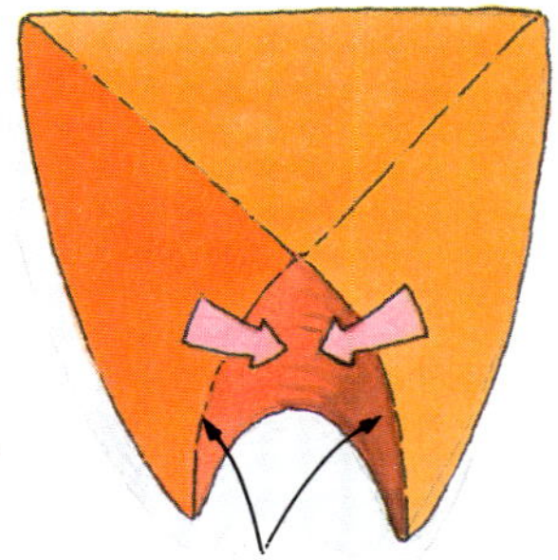

Jette-la en l'air plusieurs fois de suite pour voir dans quel sens elle retombe.

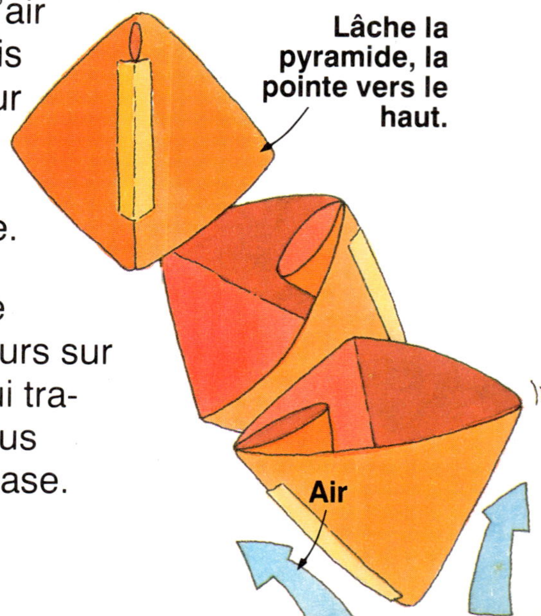

La pyramide atterrit toujours sur la pointe, qui traverse l'air plus vite que la base.

Fabrique un parachute

La forme des parachutes permet à une grande quantité d'air de faire pression dessus.

▲ 1. Pose le seau sur le sac. Trace un cercle autour du seau, puis découpe-le.

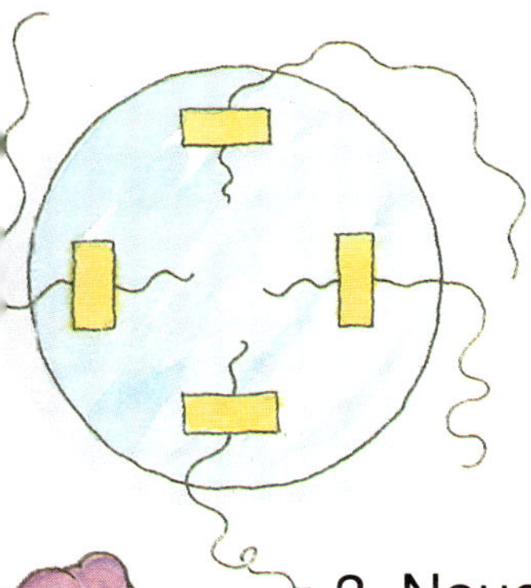

◀ 2. Scotche quatre morceaux de fil sur le cercle (voir ci-contre).

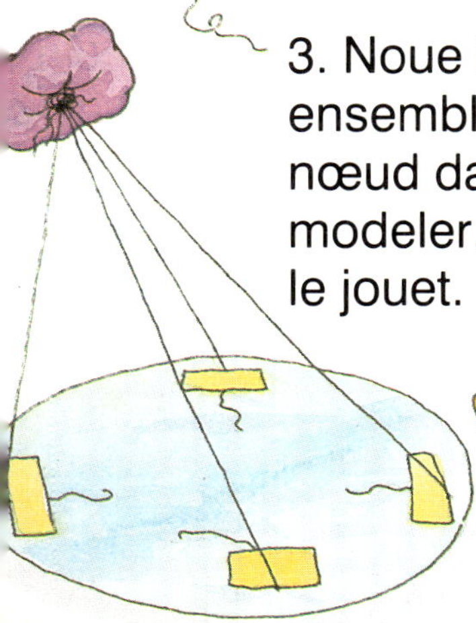

3. Noue les extrémités ensemble et enfonce le nœud dans de la pâte à modeler. Colle la pâte sur le jouet.

4. Tiens le parachute par le plastique et laisse-le tomber de haut.

L'air exerce une pression ascendante sur le parachute et le jouet tombe lentement. Essaie avec des jouets plus lourds. Tombent-ils plus vite ?

Les voitures aérodynamiques

Les voitures rapides ont une forme lisse et allongée. L'air glisse dessus sans exercer de pression. On dit qu'elles sont aérodynamiques.

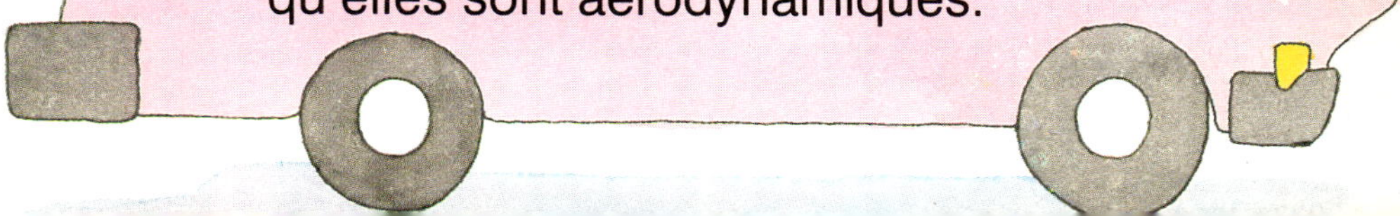

Le vol

Les avions peuvent voler grâce aux pressions exercées sur eux par l'air.

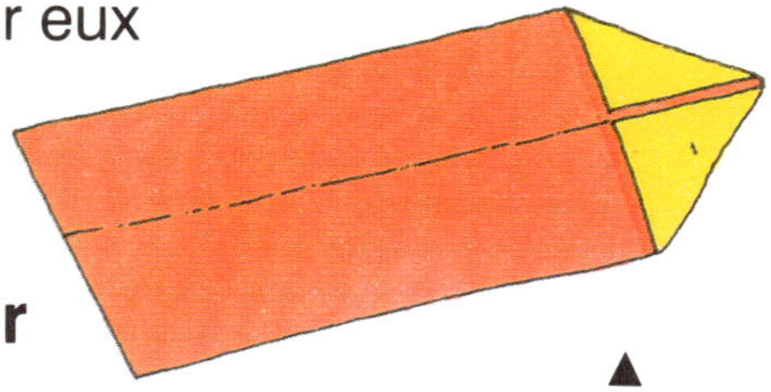

Fabrique un planeur

▲

Plie une feuille de papier rigide dans le sens de la longueur. Puis déplie-la et joins deux des coins (voir ci-dessus).

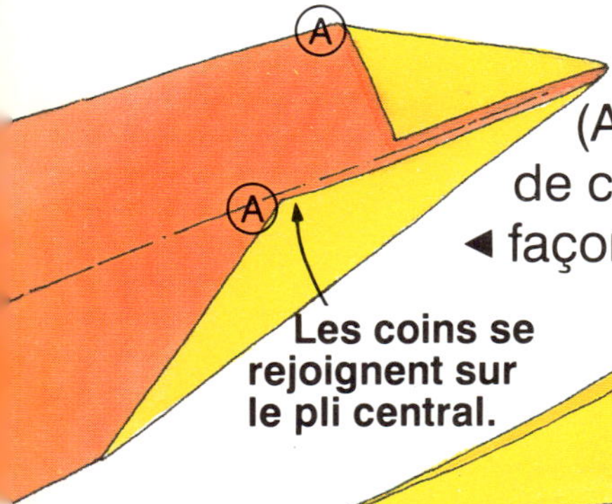

Rabats les nouveaux coins (A) sur le pli central, de cette ◄ façon.

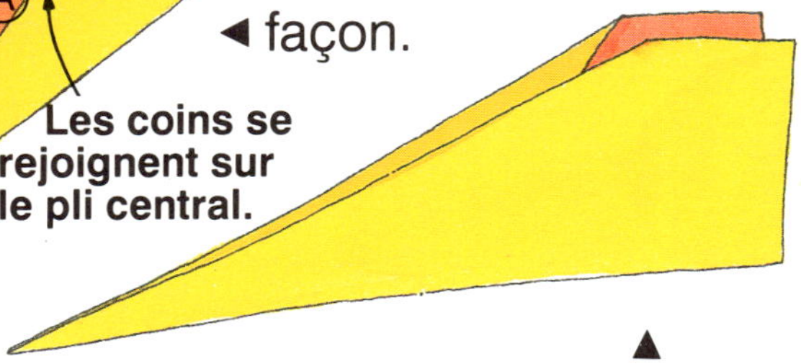

▲

Plie l'avion en deux le long du pli central, avec les coins repliés à l'intérieur.

Puis, rabats les deux rebords supérieurs pour former une aile de chaque côté.

▼

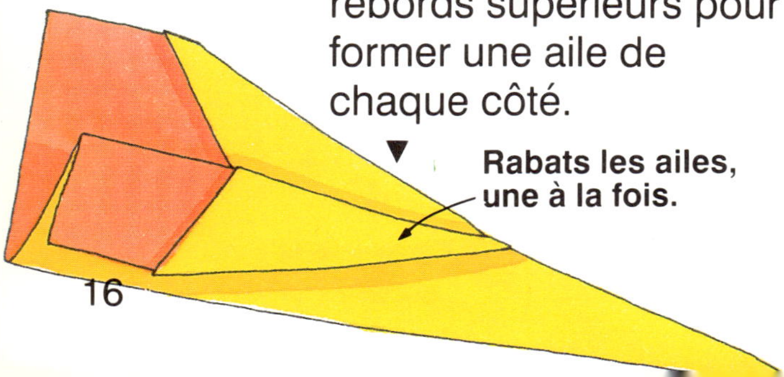

Fabrique un gouvernail : plie un morceau de papier carré en deux, tu obtiendras un triangle.

Colle le gouvernail entre les ailes à l'arrière de l'avion. Puis fais des entailles pour produire un volet sur le gouvernail et un volet sur chaque aile.

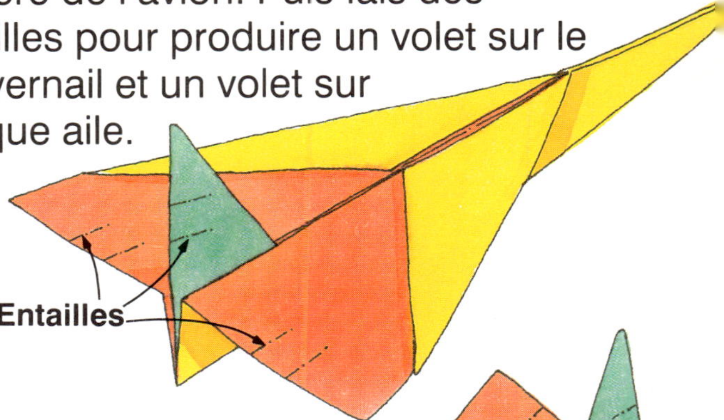

Comment faire voler le planeur

Essaie d'abord de lancer le planeur doucement en avant.

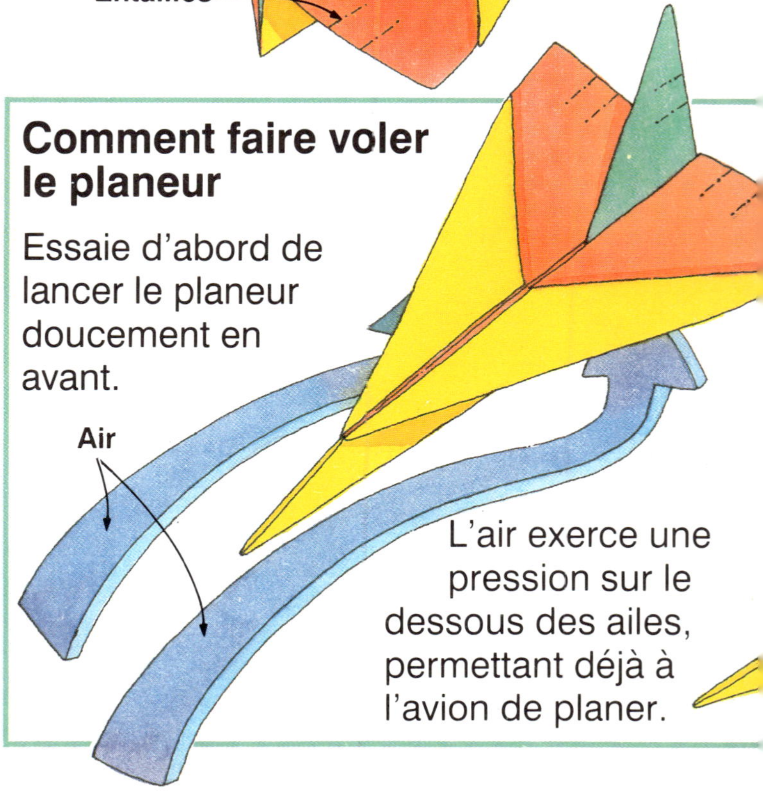

L'air exerce une pression sur le dessous des ailes, permettant déjà à l'avion de planer.

Le papier qui monte

Tiens le rebord d'un morceau de papier à hauteur de ta bouche sous ta lèvre inférieure. Souffle par-dessus.

Souffle fort.

Le papier monte, car l'air situé en dessous exerce une plus forte pression que l'air glissant par-dessus.

Le vol des avions

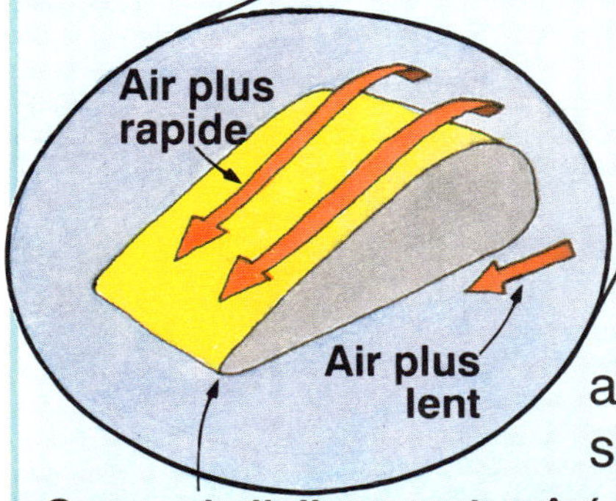

Le dessus des ailes d'avion est recourbé. Ainsi, lorsque l'avion avance, l'air passe plus vite sur la partie bombée.

Coupe de l'aile, vue de côté.

L'air situé au-dessous des ailes, qui circule plus lentement, exerce une plus forte pression que l'air situé au-dessus. Ainsi, il soulève l'avion, ce qui lui permet de voler.

Replie le volet du gouvernail vers la droite. Comment vole l'avion maintenant ? Que se passe-t-il si tu replies le volet vers la gauche ? ▶

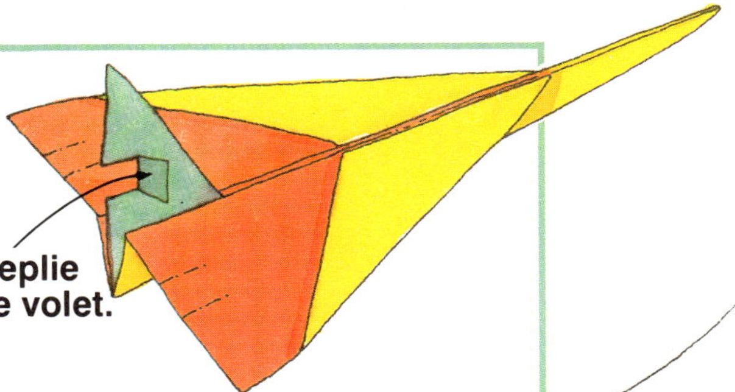

Replie ce volet.

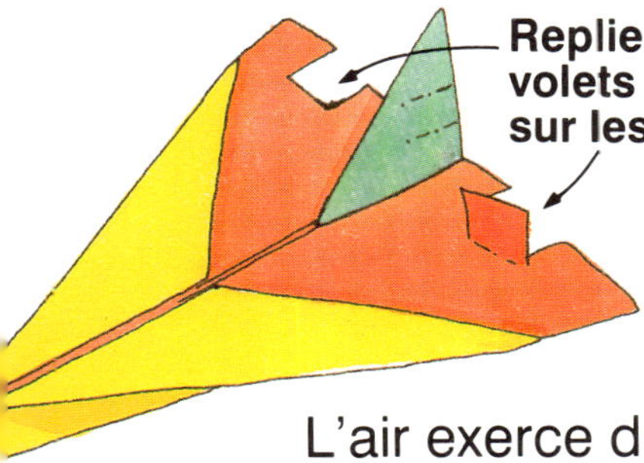

Replie les volets situés sur les ailes.

Fais voler l'avion avec les deux volets des ailes remontés, puis baissés.

◀ Recommence avec un volet remonté et l'autre baissé.

L'air exerce des pressions sur les volets, ce qui peut faire tourner, monter ou chuter le planeur.

Le pilotage

Les avions sont munis de volets sur les ailes et le gouvernail. Le pilote dirige l'avion en manipulant des manettes qui actionnent les volets.

La respiration

Ton corps a constamment besoin d'air. Tu l'obtiens en respirant.

Chronométrer la respiration

Pour cette expérience, fais-toi chronométrer avec une montre qui affiche les secondes.

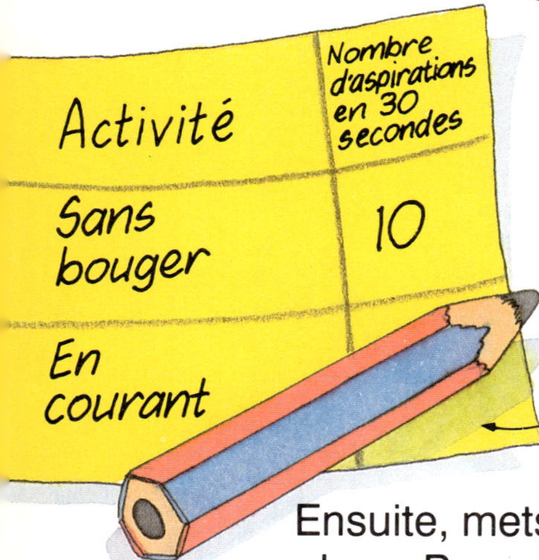

Tu peux tracer un tableau comme celui-ci.

Ne bouge pas : compte combien de fois tu aspires en 30 secondes.

Ensuite, mets-toi à courir sur place. Recompte combien de fois tu aspires en 30 secondes. Remarques-tu une différence ?

Ton corps utilise une partie de l'air aspiré pour produire de l'énergie. Tu as besoin de plus d'énergie en courant, et donc tu respires plus rapidement.

Des sacs d'air

L'air est composé d'un mélange de gaz. L'un de ces gaz s'appelle l'oxygène. C'est celui qu'utilise ton corps.

Quand tu aspires, tu fais rentrer de l'air dans deux sacs spongieux : les poumons. Ces derniers absorbent l'oxygène de l'air et le répandent dans ton corps. Ensuite, tu expires ce qui reste de l'air.

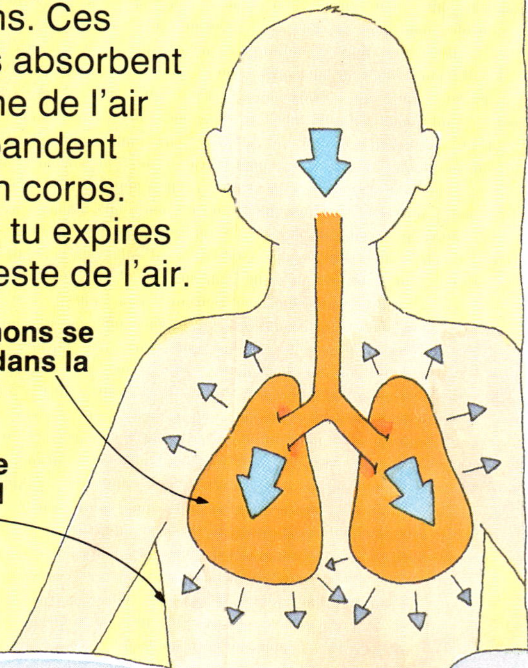

Les poumons se trouvent dans la poitrine.

L'oxygène se répand dans le sang.

La propreté de l'air

Ton nez contient une multitude de poils minuscules, qui retiennent les poussières contenues dans l'air et t'empêchent de les aspirer.

Quelle est la capacité de tes poumons ?

Voici comment découvrir la capacité de tes poumons (quantité d'air qu'ils peuvent contenir). Fais-toi aider.

1. Remplis d'eau une bouteille en plastique, puis submerge-la, le goulot en premier, dans une cuvette remplie d'eau.

2. Renverse la bouteille, sans sortir le goulot de l'eau. Introduis une paille coudée dans le trou.

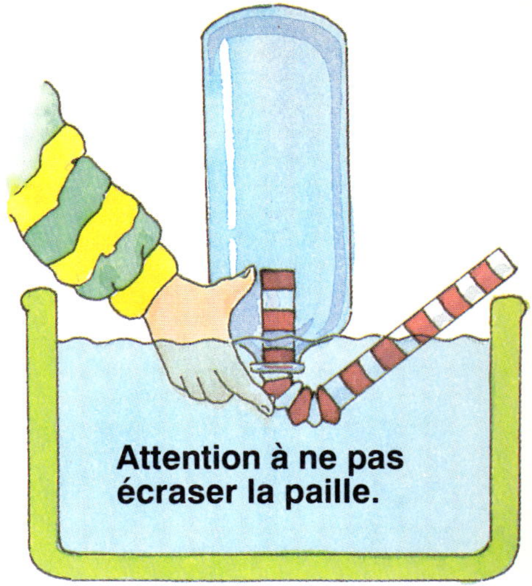

3. Inspire à fond, puis souffle doucement dans la paille.

L'espace situé en haut de la bouteille t'indiquera la quantité d'air que tu as expiré. Laisse ton ami faire la même expérience. Qui expire le plus d'air ?

L'eau contenue dans l'air

Souffle sur une vitre. Vois-tu ou sens-tu quelque chose dessus ?

L'air contient de l'eau. Lorsqu'il entre en contact avec une surface froide, l'eau apparaît sous forme de gouttelettes minuscules.

Le son et l'air

D'où vient le son et comment traverse-t-il l'air ? Fais ces expériences pour en savoir plus.

Les vibrations

Etire un élastique entre deux doigts puis, de l'autre main, pince-le de façon à produire un son.

L'élastique vibre, c'est-à-dire qu'il effectue un mouvement de va-et-vient très rapide. Le son est le produit des vibrations d'un objet.

Comment produit-on des sons ?

Pose les doigts sur la boule située au milieu de ta gorge : lorsque tu chantes, que sens-tu ?

Pour former un son, certaines parties de ta gorge vibrent. Tu les sens trembler.

Attrape-son

Place un morceau de journal sur l'extrémité d'un tube en carton et scotche-le.

Chante dans le tube et tâte le papier en même temps.

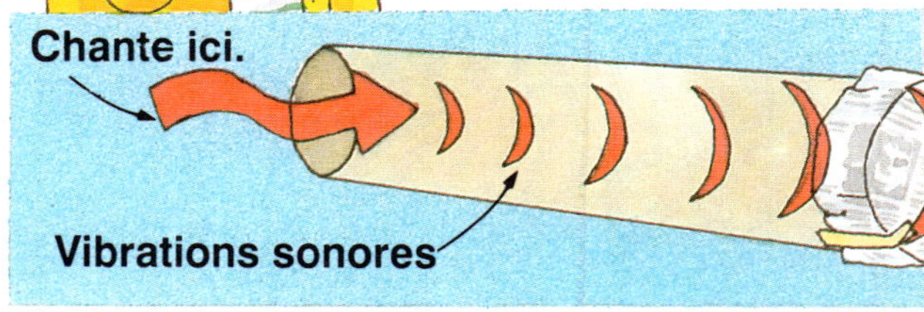

Le son que tu produis fait vibrer l'air dans le tube, ce qui fait trembler le papier.

L'espace silencieux

Il n'y a pas de son dans l'espace, car il n'y a pas d'air. Les vibrations sonores ne peuvent pas se transmettre dans un espace vide.

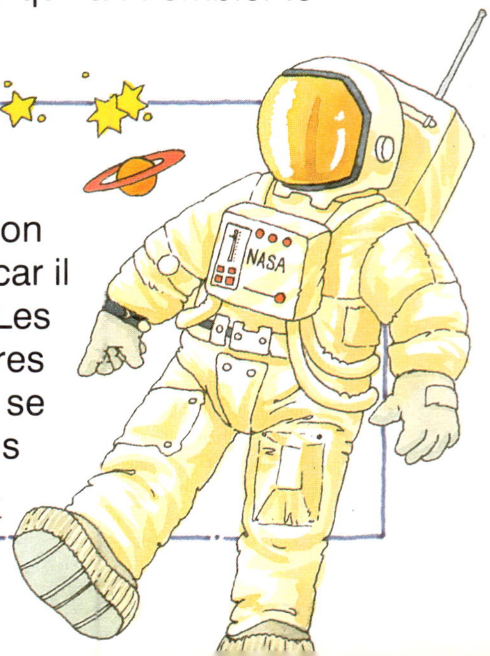

Des bouteilles musicales

Souffle au-dessus d'une bouteille vide. Essaie de produire un son.

Lorsque tu souffles au-dessus de la bouteille, tu fais vibrer l'air à l'intérieur. Cela produit un son.

Verse différentes quantités d'eau dans la bouteille. Est-ce que le son change ?

L'eau fait sortir une partie de l'air.

Plus on remplit la bouteille d'eau, moins il y a d'air. Un plus petit volume d'air vibre plus rapidement, produisant un son plus aigu.

Des pipeaux musicaux

Beaucoup d'instruments de musique produisent des sons grâce à la vibration de l'air. En voici un que tu peux fabriquer toi-même.

Ton souffle fait vibrer l'air à l'intérieur des pailles.

Utilise des pailles de longueurs différentes. Aligne-les, en commençant par la plus courte, sur un morceau de Scotch.

Garde les pailles longues pour la fin.

Colle un autre morceau de Scotch sur le dessus. Soulève la rangée de pailles et souffle dans chacune. Laquelle produit le son le plus aigu ?

Notes à l'intention des parents et des enseignants

Ces notes sont destinées à vous aider à répondre aux questions relatives aux activités décrites dans les pages précédentes.

De l'air partout (pages 2-3)

L'air, de même que tous les gaz, n'a pas de forme fixe. Il se dilate pour remplir tout l'espace disponible, donc rien n'est vraiment vide. Toutefois, l'air ne peut pas s'échapper de l'atmosphère, car la pesanteur l'empêche de s'éloigner de la Terre.

La pression de l'air (pages 4-5)

Les gaz exercent des pressions dans toutes les directions. La pression dépend de la quantité de gaz contenue dans un espace déterminé. Lorsqu'on gonfle un pneu, la valve empêche l'air de sortir. Au fur et à mesure qu'on introduit de l'air dans cet espace limité, la pression augmente et s'exerce sur le pneu avec beaucoup de force : c'est ce qui maintient le pneu gonflé.

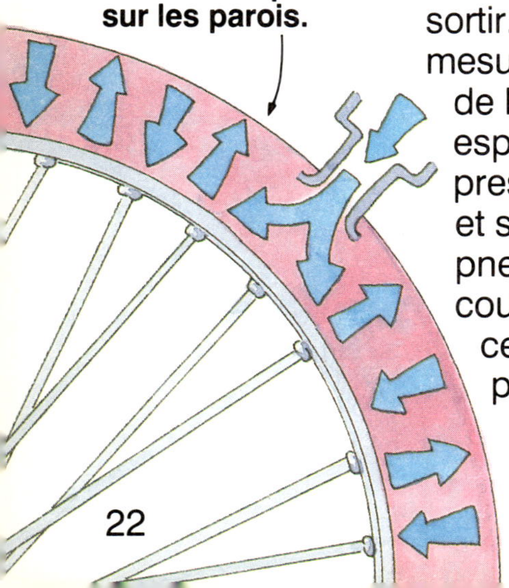

Les changements de taille (pages 6-7)

Comme presque tout, l'air est composé de minuscules particules appelées molécules. Chauffées, les molécules d'air bougent plus rapidement et elles se dispersent. Une quantité déterminée d'air occupe donc plus de place lorsqu'elle est chauffée. Si l'air est enfermé et ne peut pas se dilater, sa pression augmente.

Refroidies, les molécules d'air ralentissent et se rapprochent les unes des autres. La pression de l'air diminue.

L'air monte (pages 8-9)

Puisque les molécules d'air se dispersent lorsqu'elles sont chauffées, un volume déterminé d'air chaud pèse moins que le même volume d'air froid. Donc l'air chaud monte et flotte au-dessus de l'air froid.

Le vent (pages 10-11)

Le vent change souvent de direction et de vitesse. Plus le vent va vite, plus on en ressent les effets.

L'air source d'énergie (pages 12-13)

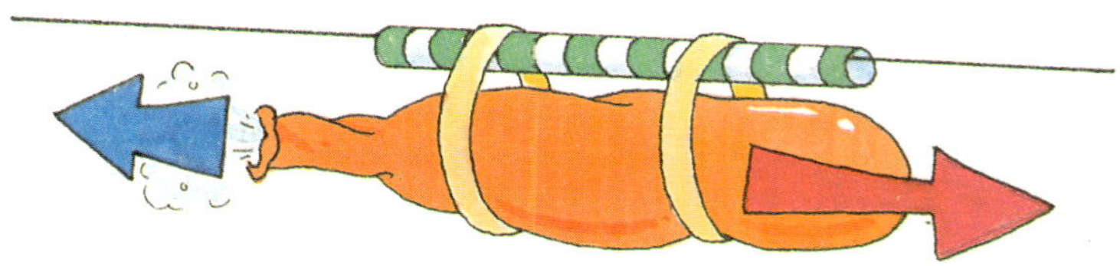

La pression de l'air qui s'exerce à l'intérieur du ballon est plus forte que celle qui s'exerce à l'extérieur. Lorsqu'on enlève la pince, la pression fait sortir l'air précipitamment du ballon. La troisième loi de Newton montre que chaque action entraîne une réaction équivalente et opposée. Le ballon obéit à cette loi : il est propulsé dans le sens inverse du mouvement de l'air.

A travers l'air (pages 14-15)

Lorsque les objets avancent dans l'air, ils doivent lutter contre la pression de l'air qui leur résiste. Certaines formes suscitent davantage de résistance que d'autres.

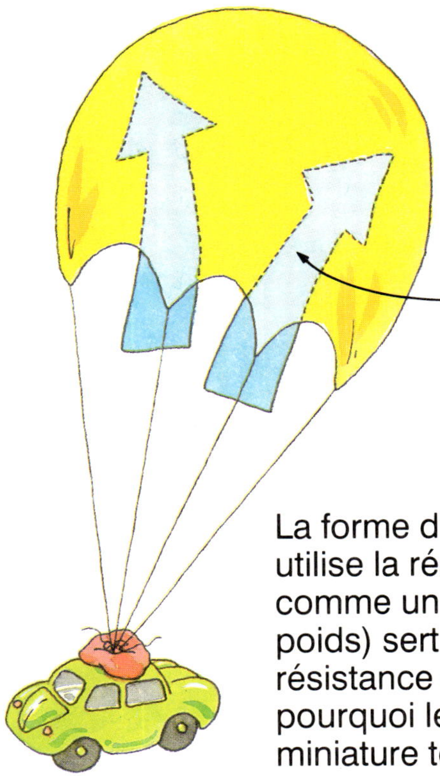

La forme d'un parachute utilise la résistance de l'air comme un frein. Le lest (le poids) sert à lutter contre la résistance de l'air : c'est pourquoi le parachute miniature tombe plus vite lorsqu'on y attache un jouet plus lourd.

Le vol (pages 16-17)

L'air qui circule rapidement au-dessus de l'aile d'un avion exerce une pression moindre que celui, plus lent, qui passe dessous. La différence de pressions produit un effet de soulèvement, suffisamment puissant pour supporter le poids de l'avion.

La respiration (pages 18-19)

Lorsque l'air est aspiré dans les poumons, une partie de l'oxygène se dissout dans le sang. Le sang apporte l'oxygène à chaque cellule du corps et rapporte du gaz carbonique (un déchet des cellules) vers les poumons. Le gaz carbonique est expiré en même temps que les constituants de l'air que le corps ne peut pas utiliser (comme l'azote).

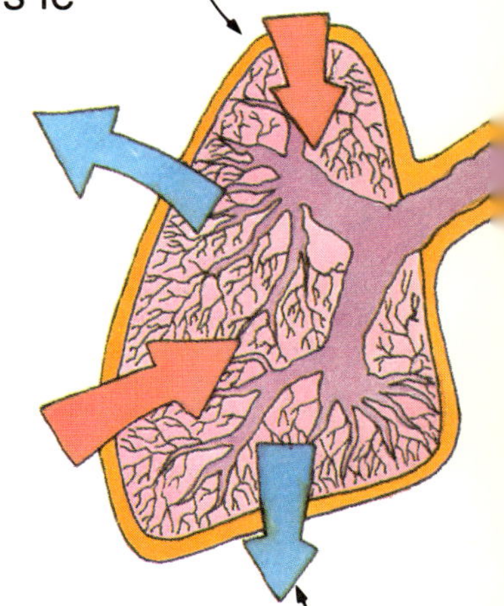

Le son (pages 20-21)

Le son est une forme d'énergie en mouvement, produit lorsqu'un objet vibre. Les vibrations traversent l'air et font vibrer le tympan situé dans l'oreille. Le système nerveux perçoit ces vibrations sous forme de son.

Index

Imprimé en Belgique.

SCIENCE ACTIVE
LA NOURRITURE

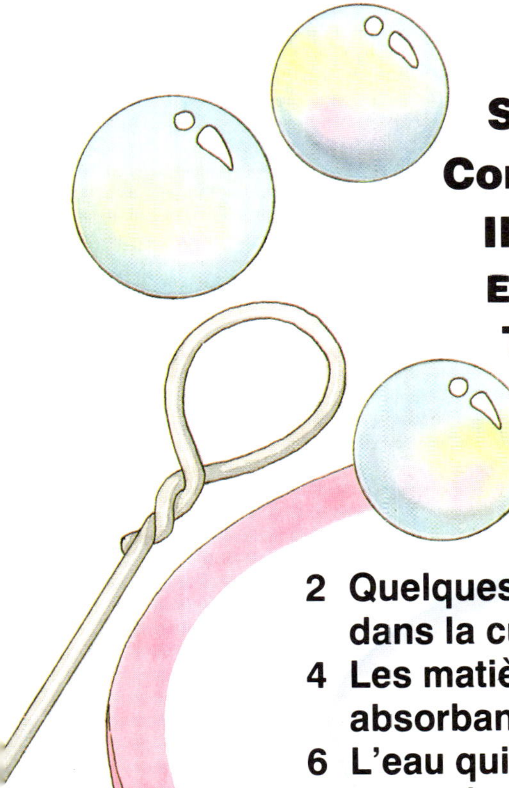

Rebecca Heddle

Supervision : Helen Edom

Conception : Susie McCaffrey

Illustrations : Kate Davies

Expert-conseil : Julie Deegan

Traduction : Roxane Jacobs

Sommaire

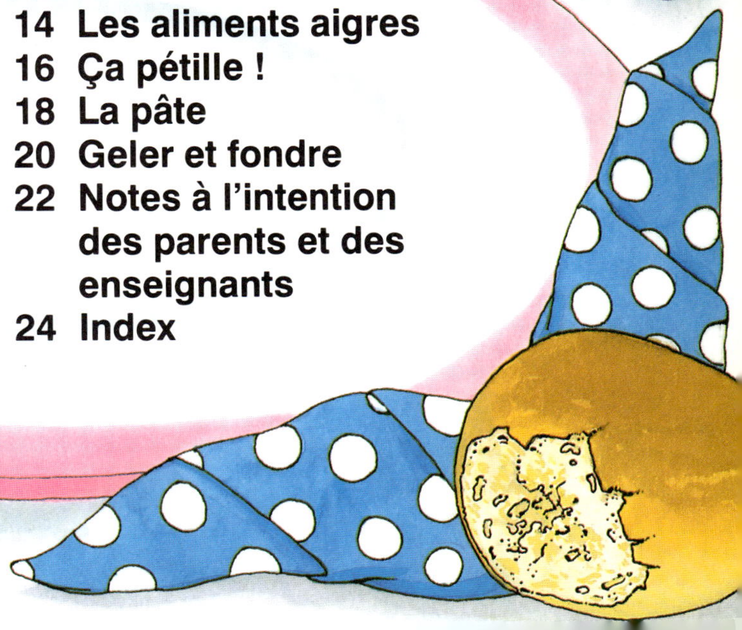

Quelques expériences dans la cuisine

Tous les jours, une foule de phénomènes scientifiques étonnants se produisent dans ta cuisine. Cet ouvrage t'en fera découvrir quelques-uns. Les premières expériences concernent le liquide vaisselle.

Nettoyer les oiseaux

En cas de marée noire, les oiseaux de mer sont couverts de pétrole : l'eau seule ne peut pas le faire partir. On utilise un produit semblable au liquide vaisselle.

Faciliter le mélange

Fais cette expérience pour comprendre comment le liquide vaisselle permet de laver les assiettes.

1. Etale une noix de beurre sur une assiette. Passe l'assiette sous le robinet d'eau froide. Est-ce que l'eau nettoie l'assiette ?

2. Ajoute un peu de liquide vaisselle et incorpore-le au beurre avec tes doigts.

3. Repasse l'assiette sous l'eau froide. Que se passe-t-il cette fois-ci ?

Le liquide vaisselle permet à l'eau de se mélanger plus facilement à d'autres substances. C'est pourquoi il permet de nettoyer la vaisselle.

Faire des bulles

Mélange quatre grandes cuillerées de liquide vaisselle dans un petit verre d'eau.

Avec un morceau de fil de fer fin, forme une boucle montée sur un manche. Trempe-la dans le mélange. Que vois-tu quand tu la ressors ?

Observe la boucle de près.

Souffle doucement sur la boucle et regarde ce qui arrive.

Le liquide vaisselle peut se dilater en une pellicule très fine. Il arrive à couvrir tout l'espace situé au centre de la boucle. Quand tu souffles dessus, il peut même envelopper l'air et former une bulle.

Les bulles du liquide vaisselle

Le liquide vaisselle enveloppe de minuscules trous d'air présents dans l'eau courante, formant ainsi des bulles à la surface de l'eau.

Comment est-ce possible?

Fais cette expérience pour voir combien le liquide vaisselle peut se dilater.

Remplis un bol d'eau. Saupoudre l'eau de talc. Ajoutes-y une goutte de liquide vaisselle. Observe ce qui arrive.

Le liquide vaisselle repousse le talc à mesure qu'il se répand à la surface de l'eau.

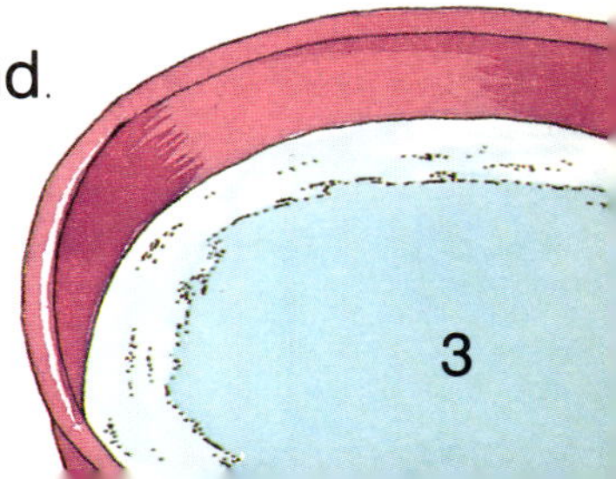

Les matières absorbantes

Lorsqu'on renverse un liquide, on se sert d'une matière qui absorbe facilement l'eau pour l'essuyer.

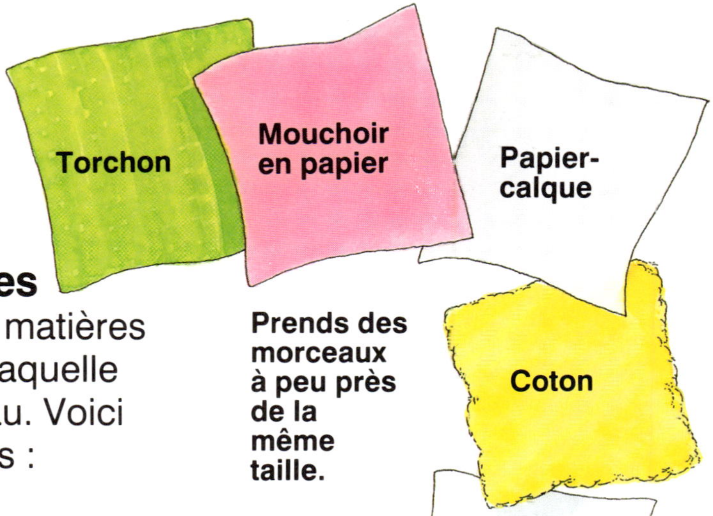

Prends des morceaux à peu près de la même taille.

Différentes matières

Rassemble plusieurs matières différentes pour voir laquelle absorbe le mieux l'eau. Voici quelques suggestions :

Pour chaque test, remets une autre cuillerée d'eau.

Verse une cuillerée à café d'eau dans une soucoupe. Teste chaque matière en la posant sur l'eau. Compte jusqu'à cinq, puis enlève-la. L'eau est-elle complètement absorbée ?

Certaines matières laissent de l'eau dans la soucoupe. Essuie la soucoupe avant le test suivant.

Un grain différent

Tâte un morceau sec de chaque matière que tu as testée. Les matières absorbantes, sont plus rêches que les matières non absorbantes, car elles sont couvertes de minuscules trous qui laissent entrer l'eau.

Les éponges

Les éponges de bain absorbent beaucoup d'eau. Regarde comme leurs trous sont gros.

Le test des billes

Teste la résistance de trois ou quatre matières absorbantes. A l'aide d'élastiques, attache un morceau de chacune sur le dessus d'un pot en plastique vide. Pose une bille sur chaque pot.

Verse une cuillerée d'eau sur chaque bille. Observe ce qui arrive.

Les billes changent-elles de position ?

Quelle bille s'enfonce le moins ?

Lorsqu'elles sont mouillées, certaines matières s'amollissent et se laissent percer par la bille. Il faut que les matières qui absorbent bien soient résistantes.

Des traînées de couleurs

Observe ce qui se passe lorsque l'eau se mélange avec l'encre d'un stylo feutre.

Il te faut :
des filtres à café découpés en bandes des feutres (de préférence de couleurs foncées), une soucoupe.

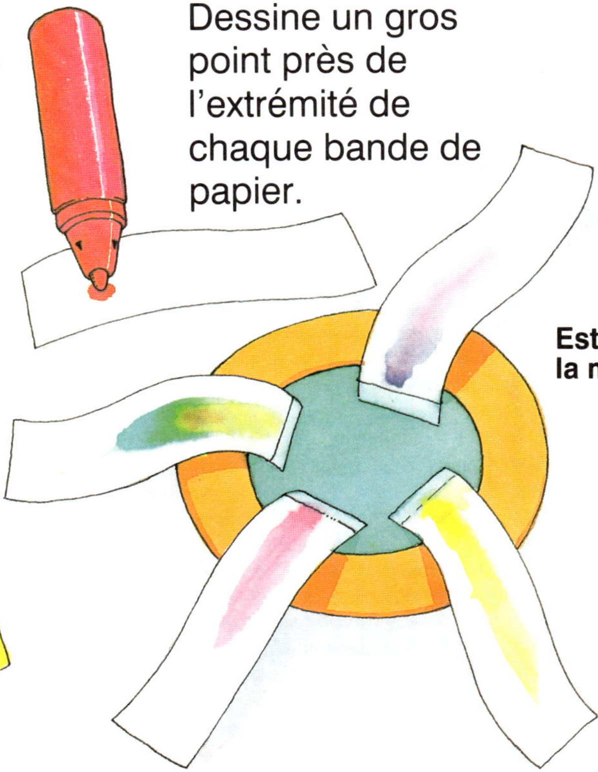

Dessine un gros point près de l'extrémité de chaque bande de papier.

Verse de l'eau dans la soucoupe. Place dans l'eau l'extrémité des bandes de papier où se trouve le point. Que se passe-t-il?

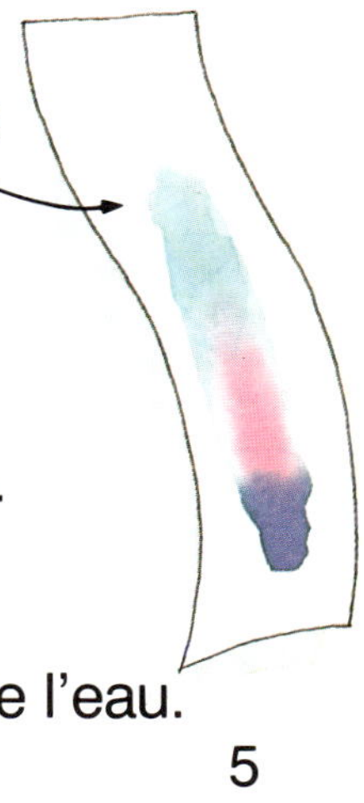

La plupart des couleurs sont composées de plusieurs couleurs. Elles se séparent lorsqu'elles sont mélangées avec de l'eau.

L'eau qui disparaît

Tu t'es déjà demandé ce qui arrive à l'eau lorsqu'un objet mouillé sèche ?

Laisse sécher

Trempe deux torchons dans de l'eau et essore-les.

Le lendemain, touche les torchons. Lequel est le plus sec ?

Poses-en un sur une assiette et l'autre dans un sac en plastique fermé avec du Scotch. Place l'assiette et le sac dans un endroit chaud. A ton avis, quel torchon séchera le premier ?

Les objets mouillés sèchent parce que de minuscules gouttes d'eau s'en échappent dans l'air. C'est ce qu'on appelle l'évaporation.

Le torchon placé dans le sac est resté mouillé parce que l'eau n'a pas pu s'évaporer.

Récupérer l'eau

Après avoir pris un bain, observe le miroir de la salle de bain.

Que vois-tu ?
Touche le miroir.
Est-il mouillé ?

L'eau s'évapore de ton bain. Lorsque les gouttelettes entrent en contact avec un objet froid, comme le miroir, elles se groupent pour former de grosses gouttes visibles.

Le test de l'eau salée

Mets deux cuillerées à café de sel dans un petit bol d'eau tiède. Goûte au mélange pour voir s'il est très salé.*

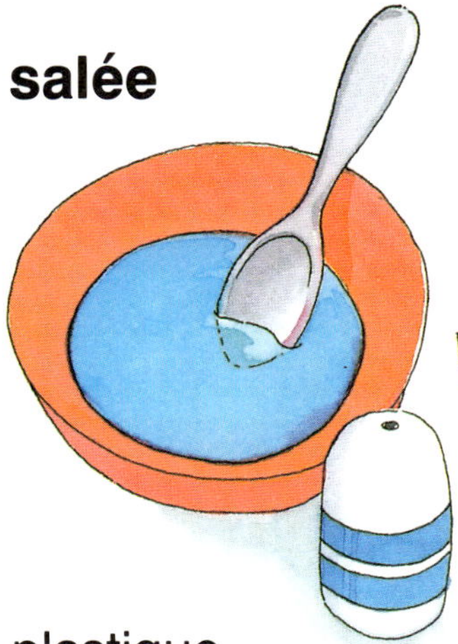

Couvre le bol d'un plastique transparent. Place-le dans un endroit chaud.

Au bout d'une heure, regarde-le. Que vois-tu apparaître sous le plastique ?

Cette eau s'est évaporée du bol.

Goûte l'eau restée sur le plastique.* Est-elle salée ?

Quand l'eau s'évapore, ce qu'on y avait ajouté reste dans le récipient.

** Ne goûte jamais rien sans l'autorisation d'un adulte.*

Sucre de toutes les couleurs

Tu peux utiliser l'évaporation pour fabriquer des cristaux de sucre coloré que tu pourras manger.

Il te faut :
2 cuillerées de sucre en poudre,
10 cuillerées d'eau,
du colorant alimentaire,
des moules en aluminium ou des soucoupes recouvertes d'aluminium.

Ajoute le sucre à l'eau et remue jusqu'à ce qu'il disparaisse.

Verses-en deux cuillerées sur chaque plat en aluminium.

Arrose les plats de colorant : choisis une couleur différente pour chaque plat. Place-les dans un endroit chaud et n'y touche plus pendant trois jours.

L'eau s'évapore et il ne reste que des cristaux de sucre coloré. Tu peux les broyer puis les mélanger pour produire du sucre couleur d'arc-en-ciel.

Mouillé ou sec ?

Tout ce qu'on mange ou presque contient de l'eau. Parfois, on déshydrate (on fait sécher) les aliments pour en retirer l'eau.

Fais sauter le couvercle

Cherche un petit récipient en plastique muni d'un couvercle. Remplis-le de petits pois déshydratés et verses-y de l'eau à ras bord.

Pose le récipient sur une soucoupe et place le couvercle dessus.

Le lendemain, examine le récipient. Que s'est-il passé ? Sors les petits pois. Combien d'eau reste-t-il ?

A force d'absorber l'eau, les petits pois deviennent si gros qu'ils font sauter le couvercle. Les aliments déshydratés peuvent absorber énormément d'eau.*

La tour, prends garde !

Construis une tour en empilant quatre morceaux de sucre sur une assiette. Mets un peu de colorant alimentaire dans de l'eau. Verse le mélange dans l'assiette et observe ce qui arrive.

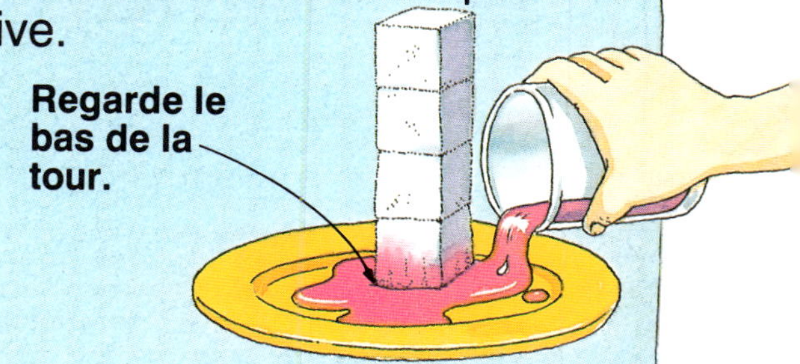

L'eau monte vers le sommet de la tour à mesure que le sucre l'absorbe. La tour s'écroule lorsque le sucre fond.

** Pour pouvoir manger les petits pois, il faut les laisser tremper une nuit entière puis les faire bouillir.*

L'eau et le sucre

Saupoudre un morceau de concombre de sucre. Laisse agir pendant dix minutes. Que remarques-tu ?

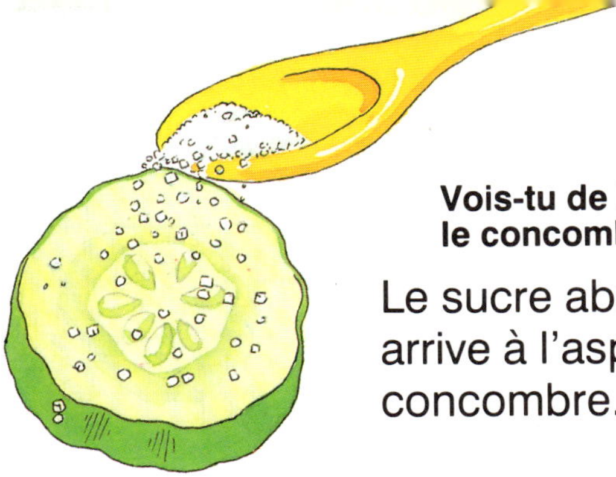

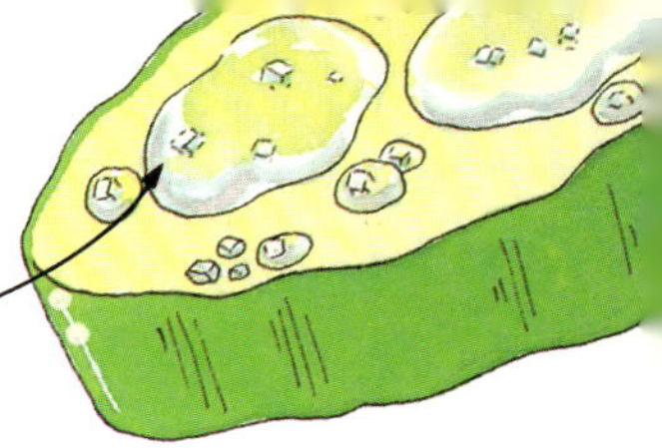

Le sucre absorbe si bien l'eau qu'il arrive à l'aspirer hors du concombre.

La conservation à sec

Fais cette expérience pour comprendre pourquoi on déshydrate certains aliments.

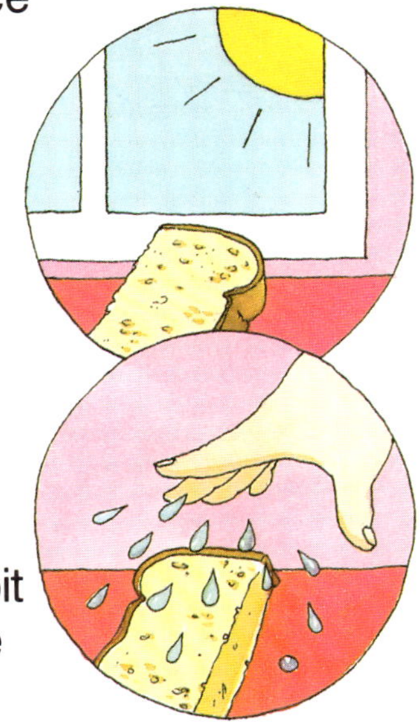

Coupe une tranche de pain en deux. Poses-en une moitié dans un endroit chaud et ensoleillé jusqu'à ce qu'elle soit desséchée. Asperge l'autre moitié d'eau.

Mets chaque morceau dans un sac en plastique transparent. Ferme les sacs avec du Scotch (en laissant de l'air à l'intérieur). Étiquettes-les “humide” et “sec”.

Mets les sacs dans un endroit chaud. Au bout de quatre jours, regarde si le pain est moisi. Quel morceau est le plus moisi ?*

La moisissure se forme mieux sur des aliments humides. On déshydrate la nourriture pour l'empêcher de moisir. Elle se conserve alors très longtemps.

Que mangent-ils?

Les explorateurs emportent de la nourriture déshydratée, car elle se conserve longtemps et est très légère à porter.

** Jette les sacs une fois que tu as terminé l'expérience.*

Le jus

Tous les fruits contiennent du jus. Le jus est surtout composé d'eau.*

De l'eau dans tout

Toutes les formes de vie, toi y compris, contiennent de l'eau. Environ les deux tiers de ton corps sont constitués d'eau.

Regarde le jus

Observe un quartier d'orange. Tu vois le jus à l'intérieur ? Quand tu touches, est-ce humide ?

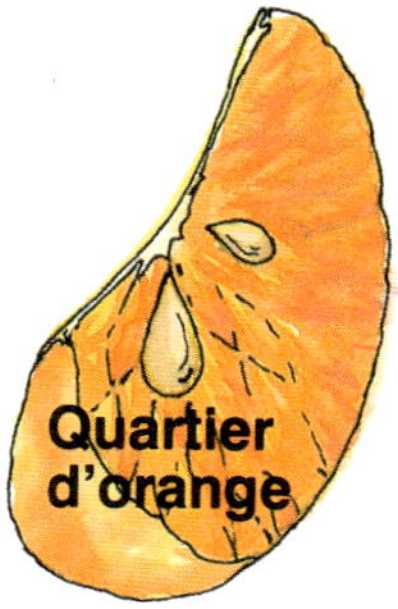

Tiens le quartier au-dessus d'une assiette et presse-le très fort. Tu sens le jus maintenant ?

Le jus est-il de la même couleur que l'orange ? A-t-il le même goût ?

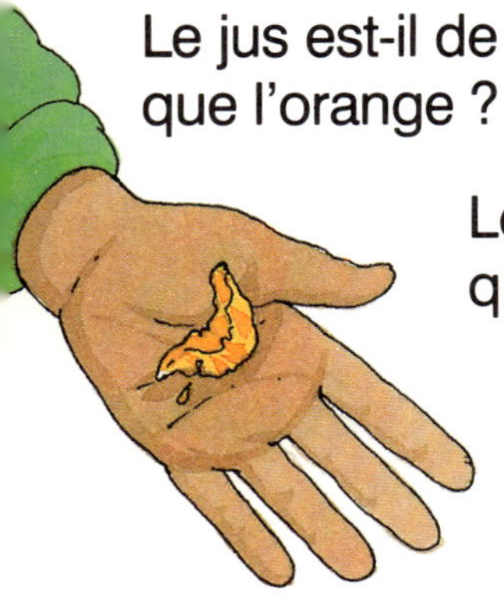

Le quartier d'orange qui te reste dans la main est-il aussi gros qu'avant ?

Le jus occupe presque toute la place dans un fruit. C'est lui qui contient la plus grande partie de sa couleur et de son goût.

Comment extraire le jus

Il est très facile d'extraire le jus des fruits. Essaie avec les fruits suivants.

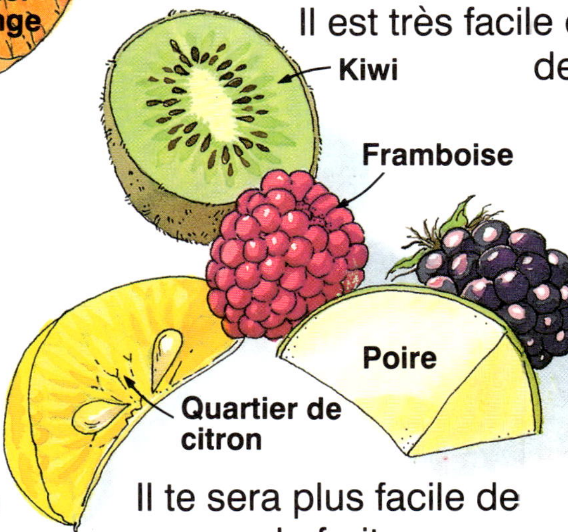

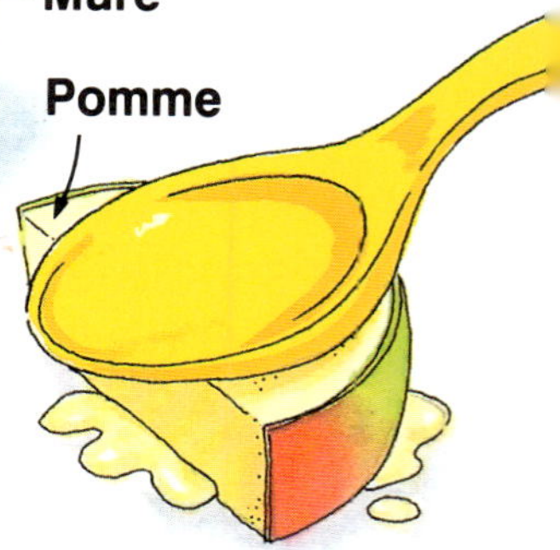

Il te sera plus facile de presser le fruit avec une cuillère.

Le jus est contenu dans de minuscules poches qui s'appellent des cellules, qu'il faut crever pour y accéder. Les cellules de certains fruits sont plus difficiles à crever que d'autres.

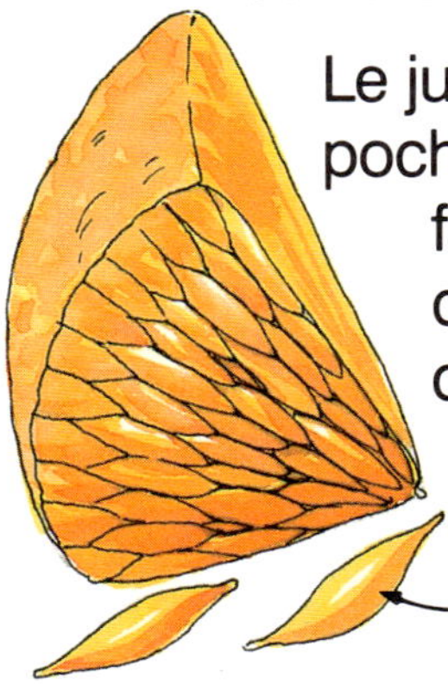

Les cellules d'une orange sont faciles à crever et sont si grosses qu'on les voit.

** Ces expériences sont salissantes : mets de vieux vêtements pour les réaliser.*

Les colorants du jus

Fais cette expérience avec du jus de couleur vive tel que le jus de framboise ou de mûre. Il te faudra aussi un vieux mouchoir blanc en coton.

Le lendemain, lave le mouchoir à l'eau courante. Reste-t-il des traces de couleur ?

Le colorant contenu dans le jus peut tacher le tissu. On a beaucoup de mal à le faire partir au lavage.

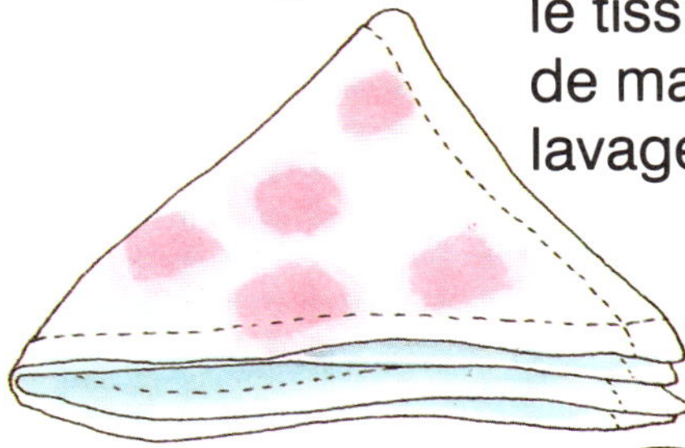

A l'aide du jus, fais un dessin sur le mouchoir. Laisse sécher.

L'encre sympathique

Trace un dessin sur du papier blanc avec du jus de citron. Une fois sec, le dessin est à peine visible.

Plonge régulièrement ton doigt dans le jus.

Le dessin après un coup de fer

Demande à un adulte de passer un coup de fer sur ton dessin invisible. L'image apparaît presque instantanément, car la chaleur du fer fait brunir le jus de citron.

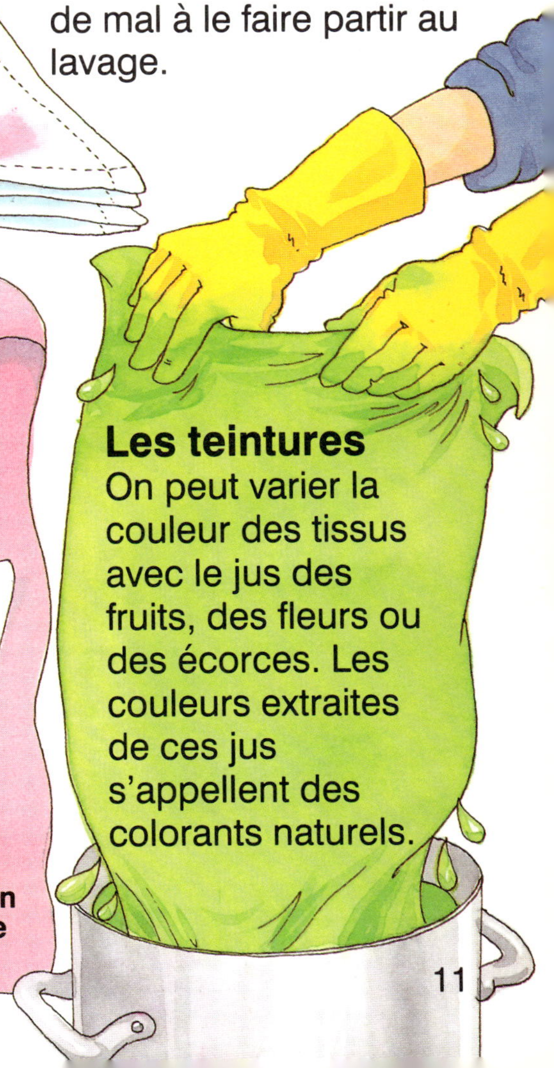

Les teintures

On peut varier la couleur des tissus avec le jus des fruits, des fleurs ou des écorces. Les couleurs extraites de ces jus s'appellent des colorants naturels.

Le goût

C'est son goût qui te fait apprécier ou non un aliment.*

Le test de la langue

La saveur d'une nourriture t'est transmise par ta langue. C'est elle qui te fait sentir ce qui est sucré, comme les bonbons, ou amer, comme le café.

Vérifie que tu as les mains propres avant de commencer cette expérience.

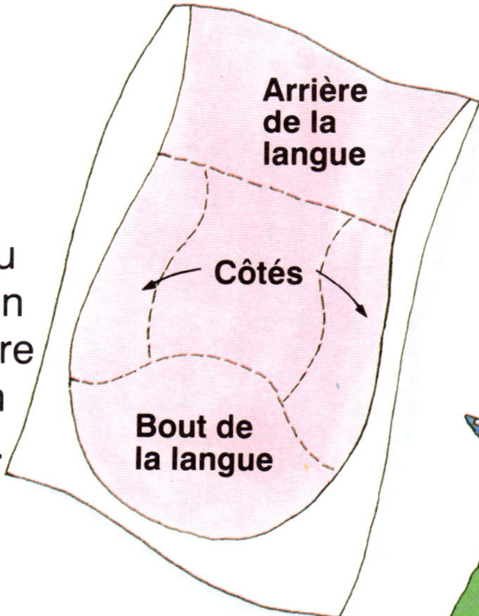

Trempe un doigt dans du sucre en poudre. Mets-en un peu sur la partie arrière de ta langue, puis sur un côté, et enfin sur le bout. A quel endroit sens-tu le goût sucré ?

Rince-toi la bouche. Maintenant, place une goutte de café froid aux mêmes endroits. Où sens-tu le goût amer ?

Le goût sucré et le goût amer sont perçus par différentes parties de ta langue.

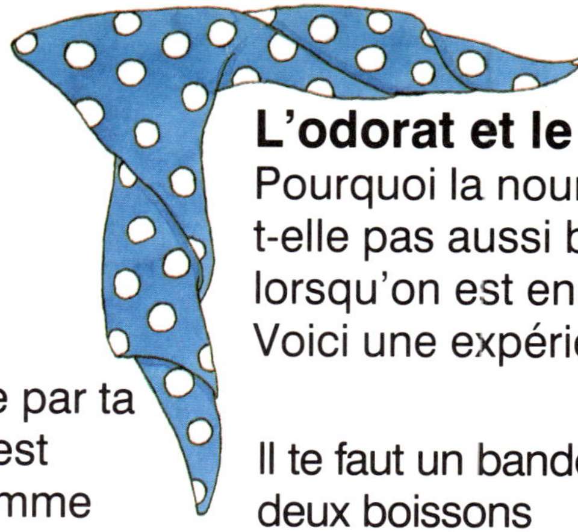

L'odorat et le goût

Pourquoi la nourriture n'a-t-elle pas aussi bon goût lorsqu'on est enrhumé ? Voici une expérience.

Il te faut un bandeau et deux boissons différentes (du lait à la fraise et du lait à la banane, par exemple). Mets une paille dans chaque bouteille.

Demande à un ami de te bander les yeux. Pince-toi le nez et goûte à la première bouteille, puis à l'autre. Tu fais la différence entre les deux ?

Ta langue te fait seulement sentir que ces boissons sont sucrées. Mais elle est incapable de les distinguer l'une de l'autre.

* *Ne goûte jamais rien sans l'autorisation d'un adulte.*

Refais l'expérience sans te pincer le nez. Tu fais la différence maintenant ?

Ton nez perçoit des saveurs que ta langue ne distingue pas.

Tu n'arrives pas à reconnaître le goût de la nourriture quand tu es enrhumé, car tu as le nez bouché.

Des pattes pour goûter

Chez les mouches, le goût passe par les pattes. Pour découvrir si un aliment leur plaît, elles se promènent dessus.

De drôles de couleurs

Grâce à la couleur d'un aliment, tu peux te faire une idée de son goût. Observe ce qui arrive lorsqu'on change la couleur de la nourriture.

Tu peux donner une drôle de couleur à la nourriture en y ajoutant du colorant alimentaire. Sers des œufs brouillés verts, de la purée mauve et du lait bleu à ta famille!

Observe leur réaction devant cette nourriture. Leur fait-elle envie ?

Si la nourriture a une drôle de couleur, on suppose qu'elle aura mauvais goût. Cet instinct nous met en garde contre la nourriture avariée, qui change parfois de couleur.

Les aliments aigres

Les acides sont des produits chimiques parfois dangereux. Mais les citrons et d'autres aliments contiennent des acides faibles et sans danger. En général, ils ont un goût aigre.*

Le goût aigre

Goûte plusieurs aliments et boissons pour déterminer ceux qui sont acides. En voici quelques-uns. A ton avis, lesquels auront un goût aigre ?

Dresse un tableau où tu inscriras le goût de chacun.

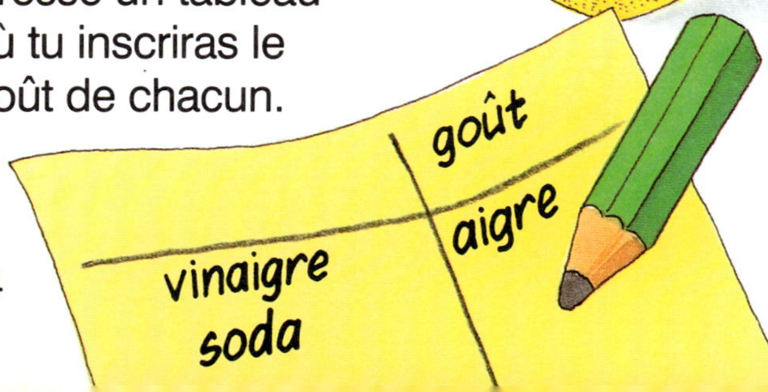

Le test du chou rouge

Tu peux utiliser l'eau de cuisson du chou rouge pour déterminer si un aliment est acide.

Coupe les feuilles de chou en petits morceaux. Jette-les dans une casserole.

Demande à un adulte de verser de l'eau bouillante dans la casserole. Laisse refroidir pendant une demi-heure.

Verse le mélange dans une passoire placée au-dessus d'une cruche.

Tu n'as pas besoin des morceaux de chou.

Observe la couleur de l'eau. Verses-en un peu dans chaque bocal.

** Ne goûte jamais rien sans l'autorisation d'un adulte.*

Ajoute du jus de citron dans un des bocaux. Que remarques-tu ?

La couleur de l'eau de cuisson du chou rouge vire du mauve au rose lorsqu'on ajoute une substance acide. Au contact de substances non acides, l'eau demeure mauve ou vire au vert.

Plonge les autres aliments aigres dans l'eau de cuisson du chou rouge. Est-ce qu'elle devient rose dans chaque cas ?

Maintenant, essaie les aliments qui ne sont pas aigres. Certains sont-ils acides ?

Certaines substances acides, tels les sodas, n'ont pas un goût aigre, car elles contiennent beaucoup de sucre.

** Ne bois pas le Coca-Cola. Jette-le.*

Le Coca-Cola, ça nettoie !

Plonge un objet en cuivre sale dans du Coca-Cola.

Le lendemain, sors l'objet. A-t-il changé?

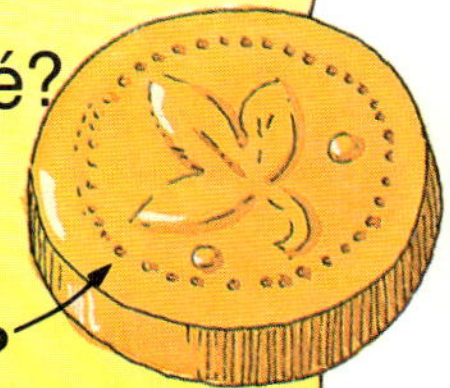

Est-ce que l'objet est toujours sale ?

L'acidité contenue dans le Coca-Cola est assez puissante pour ronger la saleté incrustée dans l'objet.*

L'utilité du vinaigre

On peut conserver des aliments dans du vinaigre. L'acidité qu'il contient empêche la nourriture de pourrir; elle se conserve pendant longtemps.

Ça pétille !

As-tu déjà remarqué des petites bulles dans les boissons pétillantes ? Voici quelques expériences à ce sujet.

Ça monte !

Verse une boisson pétillante et transparente dans un grand bocal. Tu aperçois les bulles? Elles sont remplies de gaz.

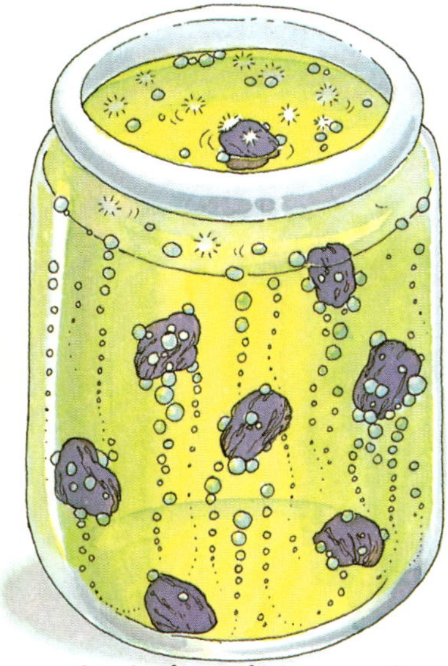

Jettes-y quelques raisins secs. Que se passe-t-il ?

Des bulles se collent dessus. Le gaz qu'elles contiennent est si léger qu'elles font remonter les raisins jusqu'à la surface du liquide.

Arrivées à la surface, les bulles éclatent. Le gaz s'échappe et les raisins retombent. Au fond, d'autres bulles viennent se coller sur les raisins et les font remonter à leur tour.

Pour faire pétiller un liquide

Pour cette expérience, il faut du bicarbonate de soude. On s'en sert dans la cuisine, et on peut donc l'acheter en supermarché.

Verse une cuillerée de vinaigre dans un verre. Saupoudre-le d'une cuillerée de bicarbonate de soude. Observe la réaction.

Lorsque tu mélanges un acide*, comme le vinaigre, avec du bicarbonate de soude, un gaz est produit : il se présente sous la forme de bulles.

Les boissons pétillantes

La plupart des boissons gazeuses pétillent grâce aux bulles qu'on y introduit à l'usine. Certaines eaux minérales, cependant, sont naturellement gazeuses.

* *Voir le chapitre sur les acides; pages 14-15.*

Un bonbon pétillant

On peut faire une confiserie qui pétille avec de l'acide citrique. Tu peux en acheter en pharmacie.

Le mélange d'acide et de bicarbonate de soude ne pétille que lorsqu'il est mouillé. C'est l'humidité de ta bouche qui le fait pétiller.

Il te faut:
2 cuillerées de cristaux d'acide citrique,
1 cuillerée de bicarbonate de soude,
8 cuillerées de sucre glace,
un récipient.

Mélange tous les ingrédients dans le récipient. Le mélange ne pétille pas tant qu'il n'est pas dans ta bouche. Tu sens alors le gaz s'échapper.

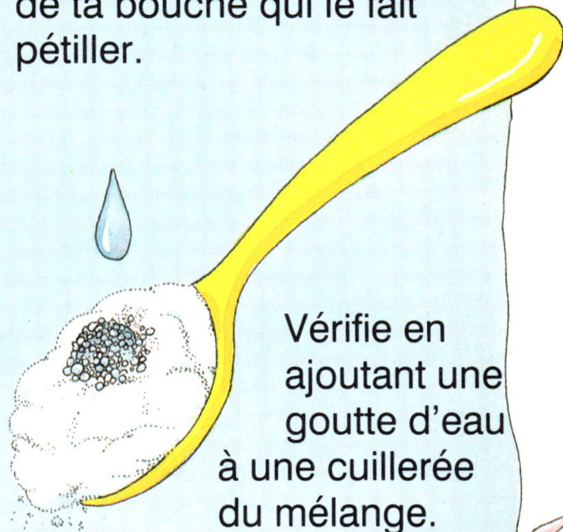

Vérifie en ajoutant une goutte d'eau à une cuillerée du mélange.

Les bulles de chaleur

En faisant attention, fais couler de l'eau très chaude dans un récipient transparent résistant à la chaleur. Ajoutes-y une cuillerée de bicarbonate de soude.

Regarde de très près pour voir les bulles minuscules.

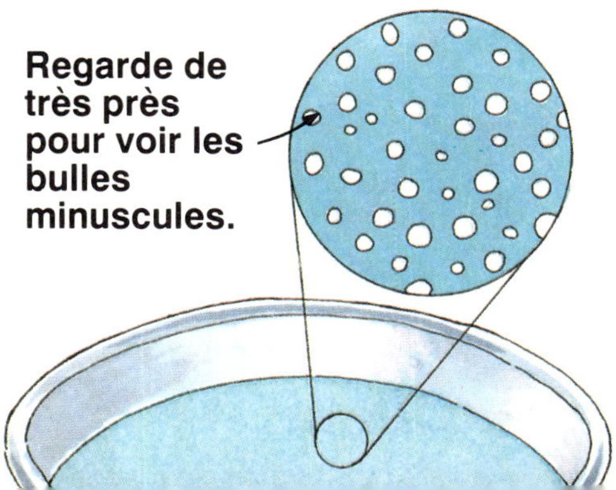

Le bicarbonate peut pétiller même sans acide s'il est très chaud.

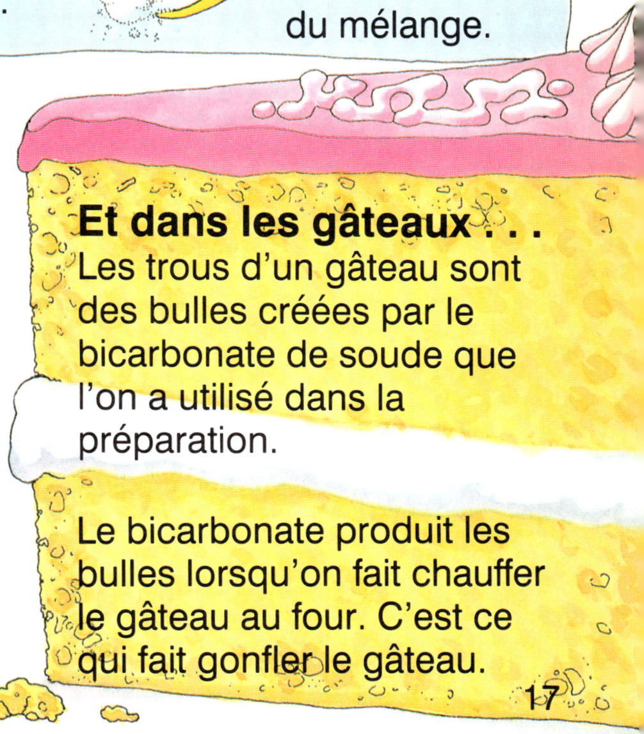

Et dans les gâteaux . . .

Les trous d'un gâteau sont des bulles créées par le bicarbonate de soude que l'on a utilisé dans la préparation.

Le bicarbonate produit les bulles lorsqu'on fait chauffer le gâteau au four. C'est ce qui fait gonfler le gâteau.

La pâte

Lorsqu'on mélange de la farine avec de l'huile et de l'eau, on obtient quelque chose de complètement différent: la pâte. Voici comment l'utiliser.

De la pâte pour jouer

Il te faut:
10 grosses cuillerées à soupe de farine,
1 cuillerée à café de sel,
4 cuillerées à café d'huile,
8 cuillerées à soupe d'eau tiède,
un récipient.

Mélange la farine et le sel dans un récipient. Verses-y l'huile. Incorpore l'eau progressivement, en pétrissant avec l'autre main.

Travaille la pâte en tirant et en appuyant dessus jusqu'à ce que tu obtiennes une boule.

Est-ce qu'elle ressemble à la farine maintenant ? Quelles différences trouves-tu ? Inscris tes remarques sur un tableau.

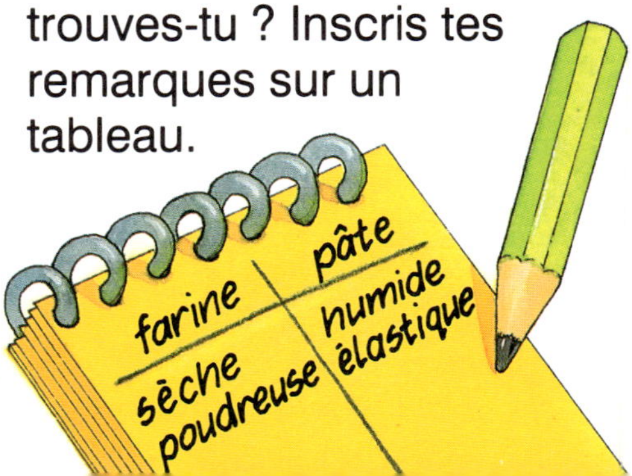

On a beau essayer, il est impossible de refaire de la farine à partir de la pâte.

Avec la chaleur

Tu peux faire des objets à l'aide de ta pâte. Si tu veux les garder, demande à un adulte de t'aider à les faire cuire.*

La chaleur du four fait durcir la pâte.

La pâte à pain

Si tu ajoutes de la levure au mélange de farine, d'eau et d'huile, tu peux faire de la pâte à pain.

*Il te faut :
farine, huile,
eau tiède et sel
comme pour la pâte
précédente,
3 cuillerées à café
de levure déshydratée,
1 cuillerée à café de sucre,
un verre, un récipient,
une plaque à
pâtisserie,
un sac en plastique.*

Mélange la levure et le sucre dans le verre. Incorpore la moitié de l'eau tiède.

Laisse reposer pendant 15 minutes. Observe ce qui arrive.

La levure est vivante. Au contact du sucre, de l'eau et de la chaleur, elle grossit et produit des bulles de gaz.

Mélange la farine et le sel. Verses-y l'huile et le mélange contenant la levure. Incorpore progressivement l'eau qui reste. Mélange et pétris la pâte.

Sépare la pâte en six petits pains. Pose-les sur la plaque à pâtisserie.

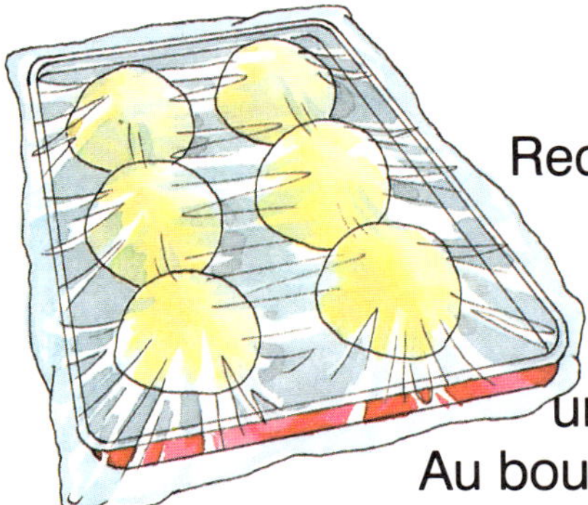

Recouvre la plaque d'un sac en plastique. Place-la dans un endroit chaud. Au bout de 20 minutes, regarde les petits pains. Sont-ils toujours de la même taille ?

Les pains ont grossi parce que la levure a produit des bulles dans la pâte.

Enlève le sac en plastique et demande à un adulte de faire cuire les pains.*

Lorsque les pains ont refroidi, coupes-en un et regarde à l'intérieur.

** Tu trouveras page 23 la température et le temps de cuisson qui conviennent.*

Geler et fondre

L'eau se transforme en glace lorsqu'elle est très froide. A ton avis, comment réagissent d'autres substances ?

Les aliments congelés

La nourriture se conserve pendant des mois si elle est congelée. Réchauffée, elle est encore bonne.

A basse température

Prends un bac à glaçons. Remplis chacun des compartiments d'une substance à tester (une cuillerée ou un petit morceau suffisent). Glisse le bac dans le congélateur.*

Au bout de deux heures, sors le bac. Retourne-le pour faire tomber son contenu. Que vois-tu ?

Pose la main sur chaque substance pour voir si elle est très dure.

Certaines sont-elles encore liquides ?

A basse température, la plupart des substances deviennent aussi dures que de la glace. On parle de congélation.

Certaines substances doivent être très froides avant de geler. Le congélateur lui-même ne pourra peut-être pas les refroidir suffisamment pour qu'elles durcissent.

La sucette glacée

Un esquimau, c'est comme une boisson congelée dans laquelle on a enfoncé un bâtonnet. La chaleur de ta bouche fait fondre la glace.

** Le freezer d'un réfrigérateur convient parfaitement aussi.*

Réchauffer

En se réchauffant, les produits congelés ramollissent. Certains deviennent liquides lorsqu'on les sort du congélateur. On dit qu'ils fondent. Fais l'expérience pour voir si la glace fond toujours avec la même rapidité.

Enveloppe l'une des tasses dans du coton. Mets un glaçon dans chacune des tasses et couvre-les de plastique.

Place les tasses dans un endroit chaud. A ton avis, quel glaçon fondra le premier ?

Toutes les dix minutes, va regarder les tasses pour voir si tu as raison.

Les maniques

Les maniques isolent de la chaleur (elles ne la laissent pas passer). On les enfile pour se protéger les mains quand on attrape des plats brûlants.

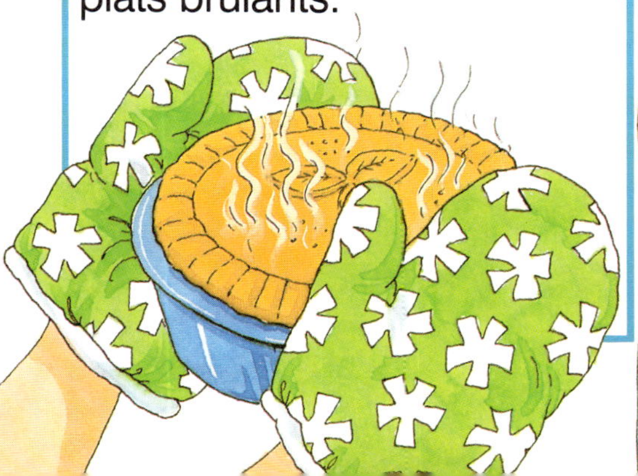

Le glaçon placé dans la tasse sans coton fond le premier, car la chaleur de la pièce l'atteint plus rapidement. L'autre glaçon reste gelé plus longtemps, car la chaleur met du temps à traverser le coton.

Notes à l'intention des parents et des enseignants

Ces notes sont destinées à vous aider à répondre aux questions relatives aux activités décrites dans les pages précédentes.

Quelques expériences dans la cuisine (pages 2-3)

Comme presque tout, l'eau et le liquide vaisselle (un détergent) sont composés de molécules. Les molécules de détergent sont longues, et seule une de leurs extrémités attire les molécules d'eau. L'autre extrémité attire d'autres substances comme le beurre ou la saleté. Le détergent crée donc un lien entre l'eau et les substances qui ne se dissolvent pas dans l'eau.

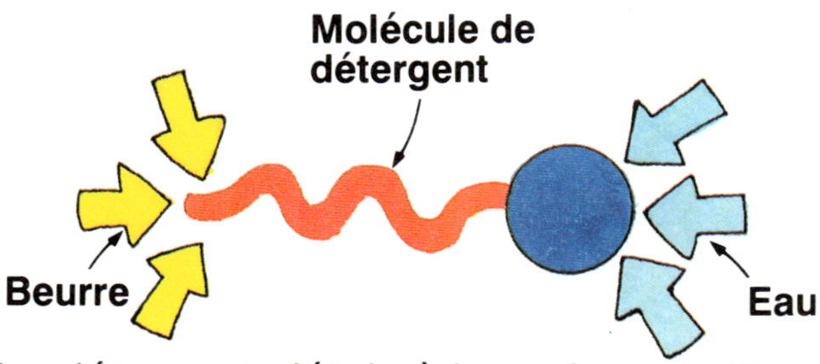

Le détergent s'étale à la surface de l'eau grâce à ses molécules qui se rangent les unes à côté des autres avec une extrémité à la surface de l'eau. Il émerge une extrémité de chaque molécule.

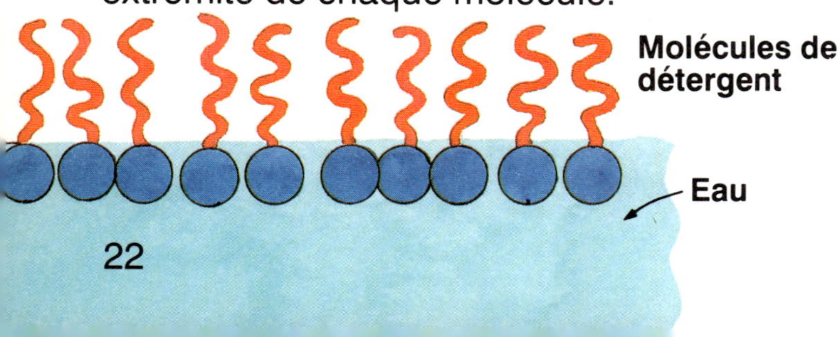

Les matières absorbantes (pages 4-5)

Les molécules d'eau s'attirent entre elles avec une force considérable. Imaginons qu'un tissu entre en contact avec une petite flaque d'eau : très vite, les molécules d'eau présentes dans le tissu attireront celles de la flaque et le tissu sera imbibé. Ce mécanisme fait que l'eau est très facilement absorbée.

L'eau qui disparaît (pages 6-7)

Quand l'eau s'évapore, ses molécules montent dans l'atmosphère. Elles se disloquent, formant de la vapeur invisible. Au contact d'une surface froide, les molécules de vapeur d'eau se rejoignent pour former des gouttes visibles. C'est ce qu'on appelle la condensation.

Mouillé ou sec ? (pages 8-9)

La moisissure et les bactéries sont des substances vivantes qui ont besoin d'eau pour vivre. Le fait de déshydrater un aliment empêche les bactéries de se propager et permet de le conserver longtemps.

Les bactéries qui subsistent au contact de l'air sont moins dangereuses que les autres. Il ne faut donc pas fermer hermétiquement les sacs de pain, afin de permettre à l'air de rentrer et favoriser ainsi la propagation de bactéries moins nocives. Mais faites quand même attention et gardez les sacs fermés même quand vous les jetterez.

Le goût (pages 12-13)

Les différentes parties de la langue comportent des papilles gustatives qui perçoivent les différents goûts de base et envoient des messages au cerveau à leur sujet. Il y a quatre saveurs de base — le sucré, l'amer, l'aigre (comme le jus de citron) et le salé. Vous pouvez tester une substance aigre ou salée de la même façon qu'une substance sucrée ou amère. Ce croquis de la langue indique la saveur distinguée par chaque zone.

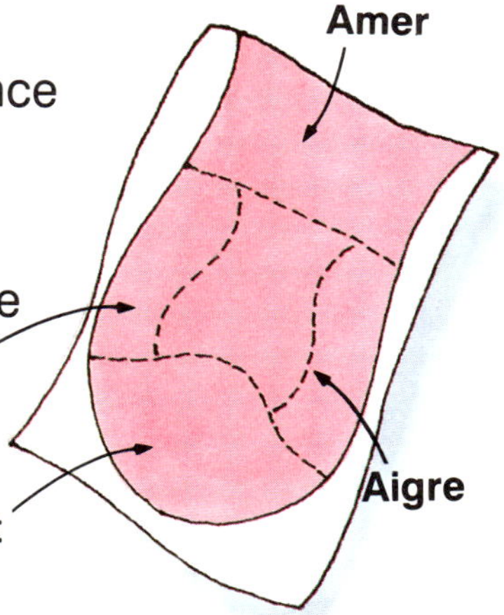

Les aliments aigres (pages 14-15)

L'eau de cuisson du chou rouge est un indicateur chimique. Elle change de couleur lorsqu'on la mélange avec des acides ou d'autres produits chimiques appelés alcalis. Les alcalis la rendent bleu-verdâtre. Le bicarbonate de soude est un alcali qu'on peut tester sans aucun danger. La plupart des alcalis présents dans la cuisine sont des produits de nettoyage qui peuvent être dangereux.

Eau de cuisson du chou rouge mélangée avec du bicarbonate de soude.

Si on mélange les bonnes proportions d'acide et d'alcali, ils se neutralisent et n'affectent pas l'eau de cuisson du chou.

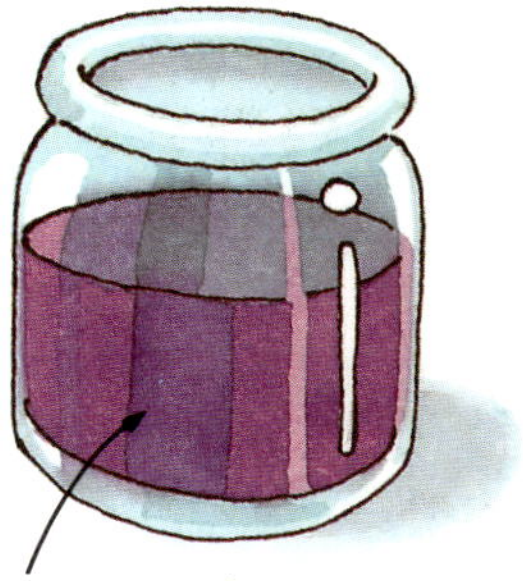

Les substances neutres n'ont aucun effet sur la couleur mauve de l'eau de cuisson du chou rouge.

La pâte (pages 18-19)

Cuisson de la pâte — faites cuire les objets en pâte à 180 °C, thermostat 4, pendant 30 minutes. Ils ne se conserveront que s'ils sont vraiment desséchés. Faites cuire les petits pains à 230 °C, thermostat 7, pendant 15 minutes.

La levure est un champignon. Déshydratée, elle est dormante, mais au contact de la chaleur, de l'eau et de la nourriture (le sucre), elle est réactivée. Elle produit des bulles de gaz carbonique qui forment des trous dans le pain. Le champignon est tué par la chaleur intense du four, et le pain cesse de gonfler.

Geler et fondre (pages 20-21)

Si le coton ne laisse pas passer la chaleur rapidement, c'est parce qu'il comporte des poches d'air. Or, l'air est un mauvais conducteur de chaleur. D'autres matières spongieuses font de bons isolants.

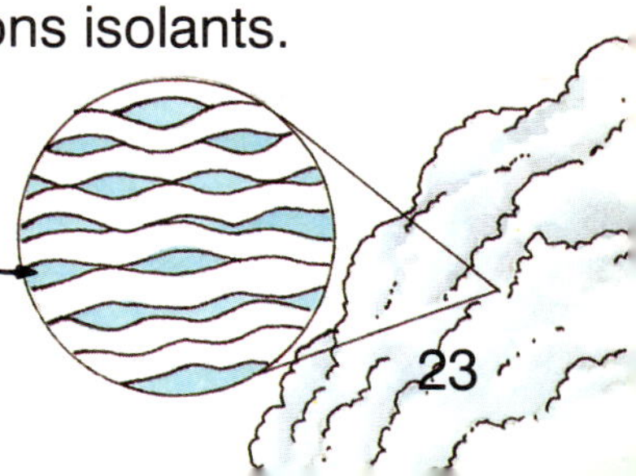

Poches d'air entre les fibres de coton

Index

Imprimé en Belgique.

SCIENCE ACTIVE
LES PLANTES

Mike Unwin

Supervision : Helen Edom

Conception : Non Figg et Ian McNee

Illustrations : Kate Davies

Expert-conseil : Dr. Margaret Rostron

Traduction : Roxane Jacobs

Sommaire

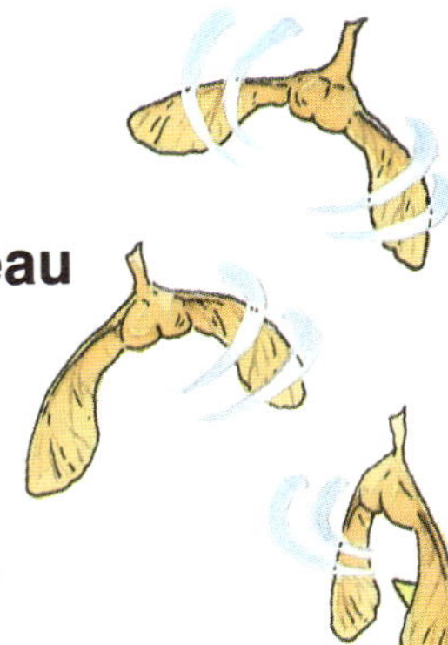

Les débuts de la croissance

Les plantes poussent presque partout. Ce livre présente une variété d'expériences et d'activités permettant de comprendre comment elles vivent et grandissent.

Cherche des objets qui pourraient servir à cultiver des plantes, tels des bocaux ou autres récipients. Tu devras peut-être acheter des pots et du compost.*

Observe les graines

Les plantes fabriquent des graines afin de produire d'autres plantes. Essaie de trouver des graines comme celles-ci dans ta cuisine.

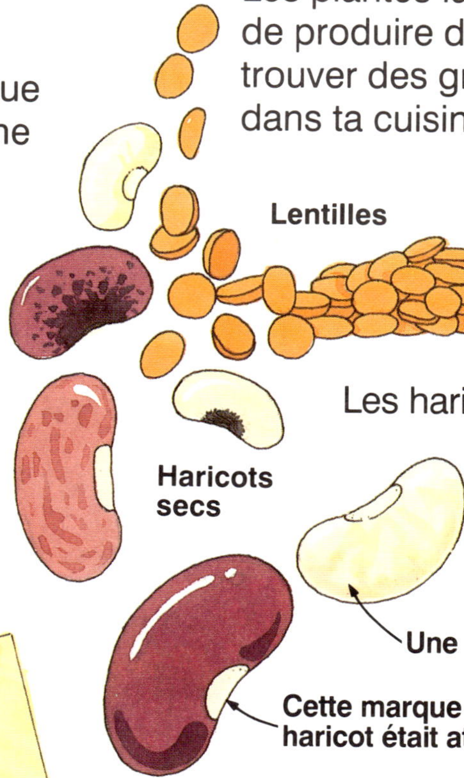

Les haricots sont les graines d'une plante. Observe un haricot de près. Parviens-tu à le casser avec tes doigts ?

Laisse tremper un haricot dans de l'eau pendant plusieurs heures jusqu'à ce qu'il soit mou. Coupe-le en deux. Que vois-tu à l'intérieur ?

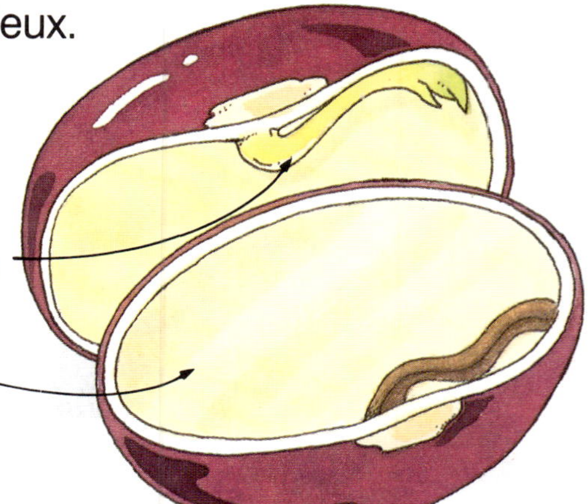

** En vente dans les centres de jardinage.*

Cultive des haricots

Tapisse deux bocaux de papier essuie tout et ajoutes-y un peu d'eau. Place des haricots secs contre le verre à mi-hauteur des bocaux. Garde-les dans la maison.

Attends une semaine. Que vois-tu ?

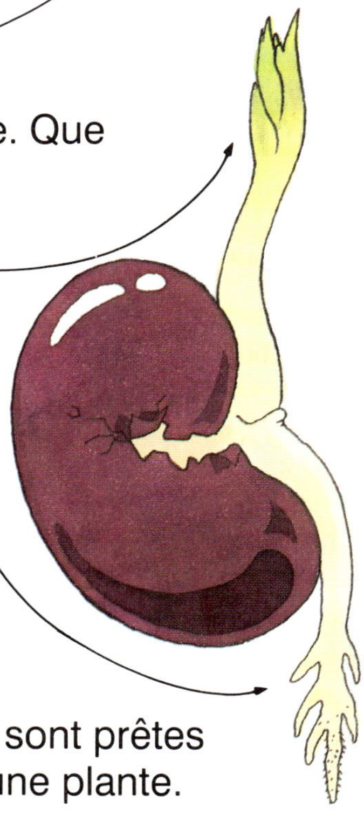

Les haricots ont germé : cela veut dire que des pousses et des racines ont pointé et sont prêtes à se développer en une plante.

Les différentes graines

Il existe des graines de toutes les formes et de toutes les tailles. Elles sont souvent enfermées dans un fruit, une coquille ou une cosse.

Vers le haut et vers le bas

Couche un des bocaux et n'y touche pas pendant plusieurs jours. Comment se développent les pousses et les racines ?

Les pousses se dirigent toujours vers le soleil, tandis que les racines vont toujours vers la terre et l'eau.

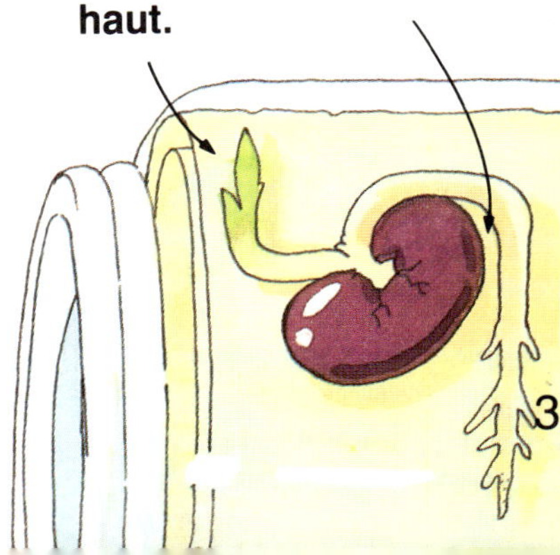

La croissance

Après la germination d'une graine, la jeune plante commence à pousser. Observe les haricots que tu as déjà fait germer (voir page 3). Que remarques-tu lorsqu'ils poussent ?

Comment planter des haricots

Remplis d'abord des pots en plastique de compost humide. Creuse un trou dans le compost à l'aide d'un crayon; il doit être suffisamment profond pour les racines d'un semis (une jeune plante).

En faisant attention, sors le papier essuie tout des bocaux. Décolle les semis et plantes-en un dans chaque pot.

Tasse bien la terre autour du semis pour le maintenir à la verticale. Laisse assez de place en haut du pot pour pouvoir arroser.

A mesure que chaque plante pousse, ses racines s'étendent dans le compost. Les racines absorbent de l'eau et servent à soutenir la plante.

Pour bien pousser

A ton avis, que faut-il pour que les plantes poussent bien ? Fais cette expérience avec tes pots de haricots pour voir si tu as raison.

Colle des étiquettes sur trois des pots. Place le pot 1 près d'une fenêtre. Arrose-le tous les trois jours.

Place le pot numéro 2 près de la fenêtre, mais ne l'arrose pas.

Place le pot numéro 3 dans un placard sombre. Arrose-le tous les trois jours.

Au bout de trois semaines, quelle est la plante qui a le mieux poussé ?

Le haricot en 1 devrait pousser davantage, car il dispose de terre, de lumière et d'eau, éléments nécessaires à la bonne santé des plantes.

A toute allure

Le bambou est un genre d'herbe énorme qui pousse très vite dans les pays chauds. Lors d'une année pluvieuse, il peut pousser d'un mètre en une journée.

Les pandas de Chine mangent du bambou.

Si vite !

A quelle allure poussent tes haricots ? Tous les jours, place un morceau de carton à côté d'eux et mesure leur hauteur.

Si tu as une grande plante, attache-la à un tuteur pour éviter qu'elle ne s'affaisse.

Quelle hauteur atteint chaque plante au bout d'un mois ? Inscris les détails dans ton cahier.

Les plantes et l'eau

L'eau présente dans la terre pénètre dans les plantes par l'intermédiaire de leurs racines. Sais-tu ce qui lui arrive ensuite ?

L'ascension le long de la tige

Mets une branche de céleri dans un bocal d'eau. Ajoutes-y quelques gouttes d'encre bleue.

Laisse le bocal près d'une fenêtre pendant plusieurs heures. Qu'arrive-t-il aux feuilles ?

Les feuilles s'imbibent d'eau bleue. Les plantes aspirent l'eau par leur tige jusque dans leurs feuilles. Elles ont besoin d'eau pour pousser et se maintenir en bonne santé.

L'eau s'échappe

Enfile un sac en plastique* transparent sur une plante en pot et attache-le sur la tige. Place le pot dans un endroit ensoleillé. Au bout de quatre heures, observe le sac et frotte-le avec tes doigts.

Vois tu de minuscules gouttes d'eau ?

Les plantes n'utilisent pas toute l'eau qu'elles puisent. Elles éliminent l'excès d'eau par de minuscules trous situés sur leurs feuilles. Le sac retient les gouttelettes, ce qui te permet de les voir.

Coupe un morceau de la branche. Que vois-tu ?

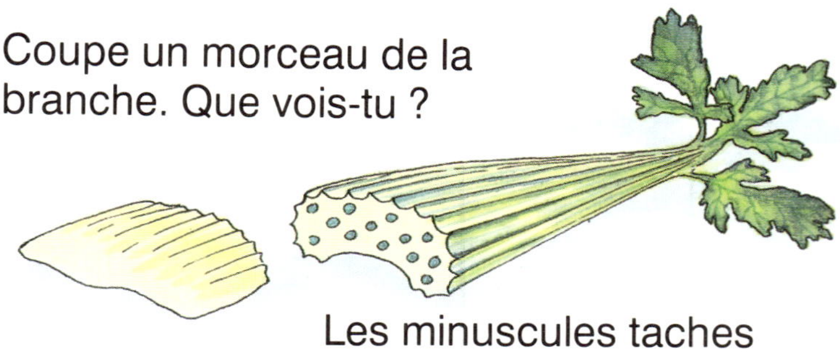

Les minuscules taches bleues correspondent aux tubes qui conduisent l'eau.

** Ne mets jamais un sac en plastique près de ton visage ni de ta bouche.*

Un jardin en bocal

Tu peux créer un jardin qui n'a jamais besoin d'être arrosé. Trouve un bocal muni d'un couvercle. Couche-le et introduis-y les matériaux suivants (voir ci-contre).

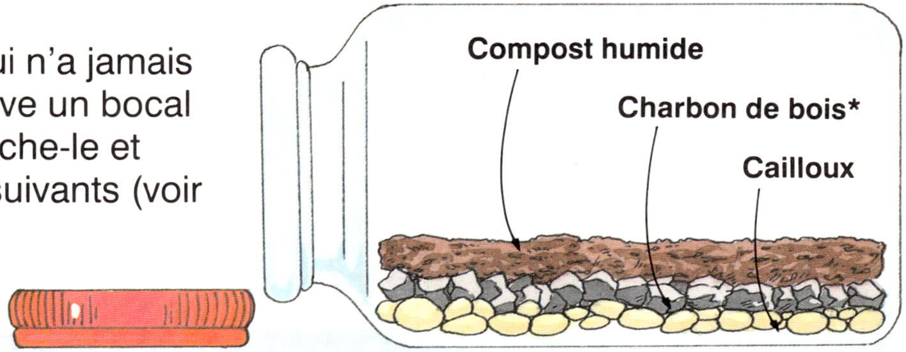

Dispose-les couche par couche. Places-y délicatement quelques petites plantes, et asperge-les d'eau. Tu peux essayer avec les plantes suivantes.

Tu peux fabriquer un petit plantoir en attachant une cuillère sur un bâton, comme ceci.

Mets le couvercle sur le bocal et laisse celui-ci dans un endroit chaud et lumineux. Les plantes devraient continuer à pousser.

Les plantes puisent de l'eau grâce à leurs racines, puis elles l'éliminent par leurs feuilles. L'eau est retenue dans le bocal. Elle ruisselle le long des parois jusque dans le sol et les plantes s'en resservent maintes et maintes fois.

** En vente dans les centres de jardinage.*

Les plantes et la lumière

Les plantes ont besoin de lumière pour survivre. Ces expériences t'aideront à comprendre pourquoi.

A la recherche de lumière

Laisse une plante dans une pièce n'ayant qu'une seule fenêtre. Eloigne-la un peu de la fenêtre et arrose-la comme d'habitude.

Comment pousse-t-elle ?

La plante se penche vers la lumière. Si tu tournes le pot, la plante va bientôt s'orienter de nouveau vers la fenêtre. Les plantes poussent toujours en direction de la lumière.

De quel côté poussent les feuilles ?

Dans le noir

Enveloppe une feuille d'une plante en pleine croissance dans du papier d'aluminium pour qu'elle ne reçoive pas de lumière.

Au bout d'une semaine, retire l'aluminium. Que vois-tu ?

Sans lumière, la feuille jaunit. Les autres feuilles demeurent vertes.

Comment se nourissent-elles ?

Les plantes utilisent l'énergie du soleil pour fabriquer leur nourriture. Les feuilles contiennent une substance spéciale appelée chlorophylle, qui absorbe l'énergie solaire. Sans lumière, les feuilles ne peuvent pas se nourrir. Elles jaunissent et la plante meurt.

Observe des feuilles

Que remarques-tu lorsque tu regardes une feuille ?

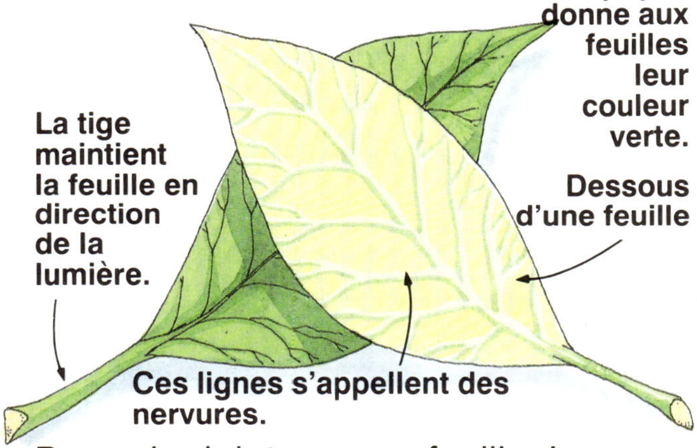

Passe le doigt sur une feuille. Les nervures amènent l'eau à toutes les parties de la feuille et transportent la nourriture fabriquée dans les feuilles vers les autres parties de la plante.

La forme des feuilles

Les feuilles d'une plante ont en général toutes la même forme.

La forme différente des feuilles de chaque plante indique à quelle espèce celle-ci appartient.

L'empreinte des feuilles

Rassemble un assortiment de feuilles aussi varié que possible.

Place les feuilles sur du carton et recouvre-les d'un morceau de papier.

Passe un crayon de cire ou noir tendre sur le papier pour faire apparaître la forme de la feuille.

Inscris le nom de la plante qui correspond à la feuille.

Les fleurs

Dans les plantes, ce sont les fleurs qui fabriquent les graines. Il existe des fleurs de toutes les formes, de toutes les tailles et de toutes les couleurs.

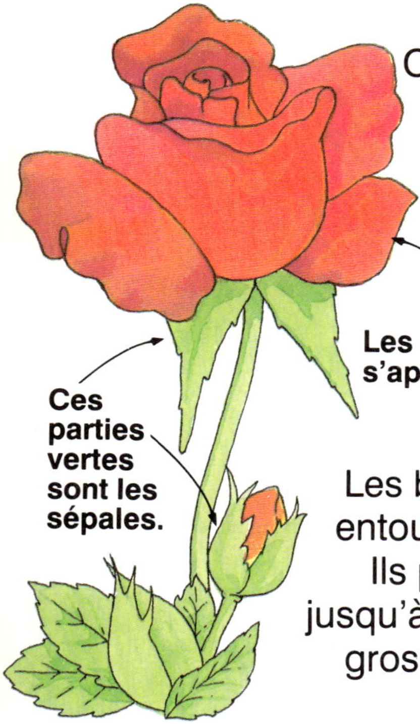

Observe une rose. Elle comporte les mêmes éléments constitutifs que la plupart des autres fleurs.

Les parties colorées s'appellent les pétales.

Ces parties vertes sont les sépales.

Les boutons de fleur sont entourés par des sépales. Ils protègent les pétales jusqu'à ce que ces derniers grossissent suffisamment pour les repousser.

Arrache doucement les pétales de la rose. Combien y en a-t-il ? Quelle forme ont-ils ? Sont-ils parfumés ?

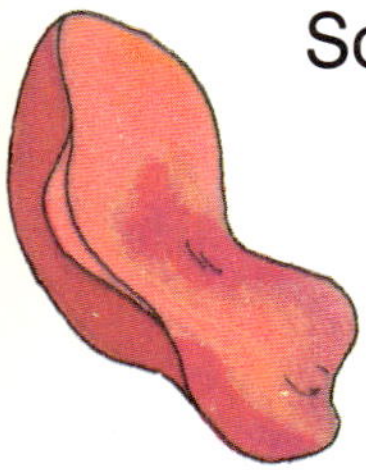

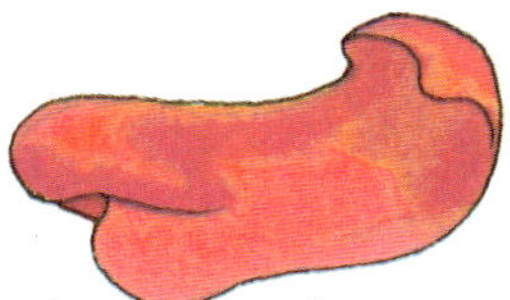

Les pétales ont des couleurs éclatantes et un parfum sucré qui attirent les insectes sur la plante.

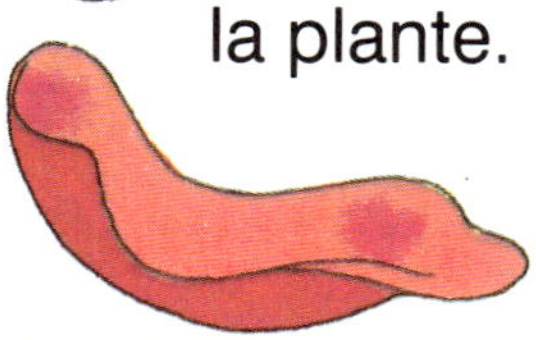

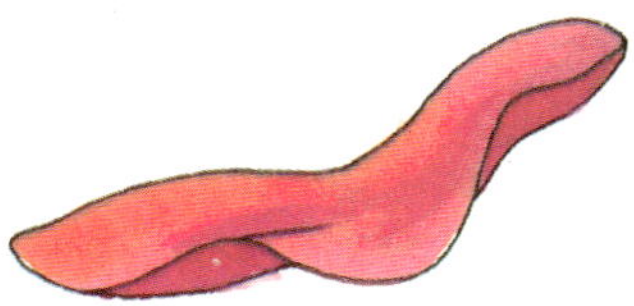

Formes et couleurs

Chaque espèce de fleur a des pétales différents, qui ont leur forme, leur couleur et leur parfum propres. En voici que tu connais peut-être.

Les pétales de jonquille sont disposés en forme de trompette.

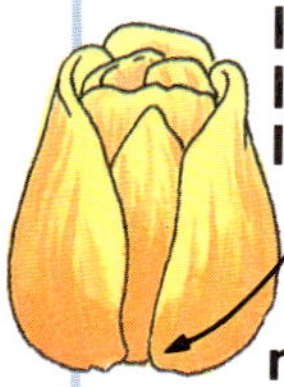

Les sépales de tulipe sont de la même couleur que les pétales situés à l'intérieur.

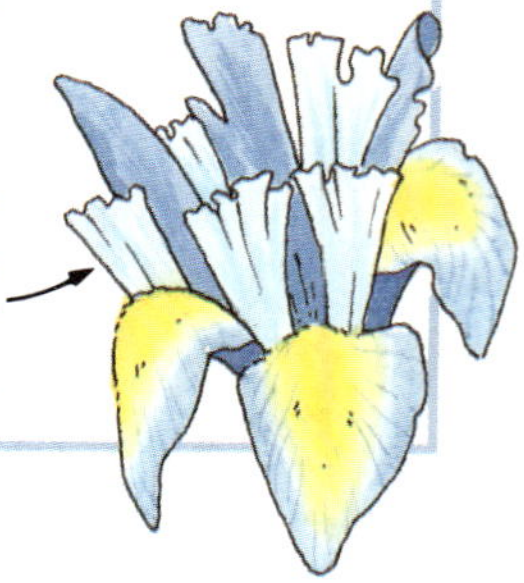

Les pétales d'iris ne sont pas tous de la même couleur ni de la même forme.

La fabrication des graines

Que vois-tu à l'intérieur d'une rose ?

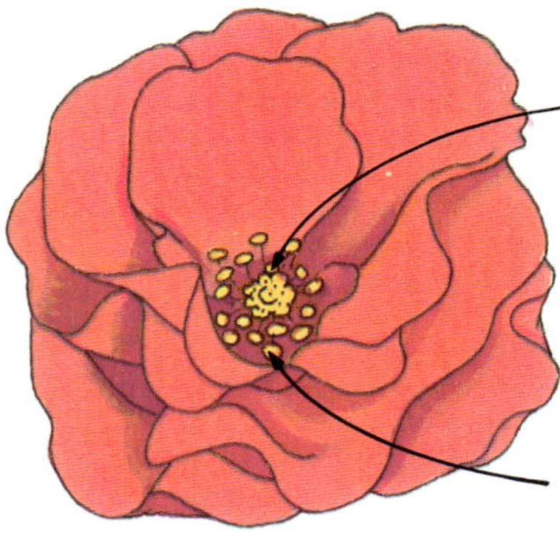

La partie jaune, tout au milieu, s'appelle le pistil.

Ces éléments s'appellent des étamines. Elles poussent autour du pistil.

Les étamines et le pistil fabriquent des graines pour produire de nouvelles plantes.

De la poudre

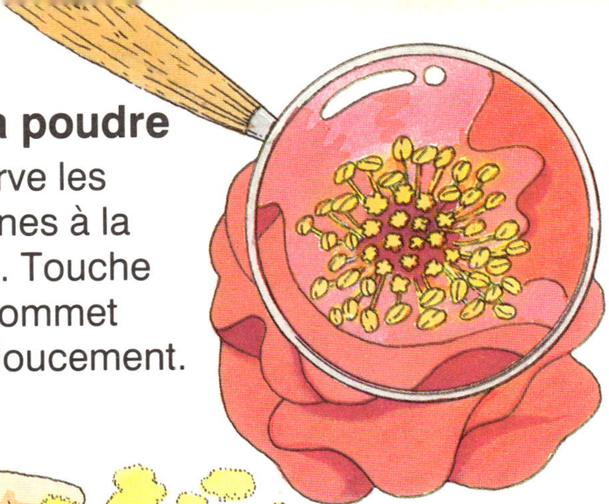

Observe les étamines à la loupe. Touche leur sommet tout doucement.

Trouves-tu de la poudre jaune ? C'est ce qu'on appelle du pollen. Il s'en va facilement des étamines.

Parfois le pollen d'une fleur est déposé sur le pistil d'une autre fleur de la même espèce. La plante commence alors à fabriquer des graines. On appelle ce processus la pollinisation.

Une fleur malodorante

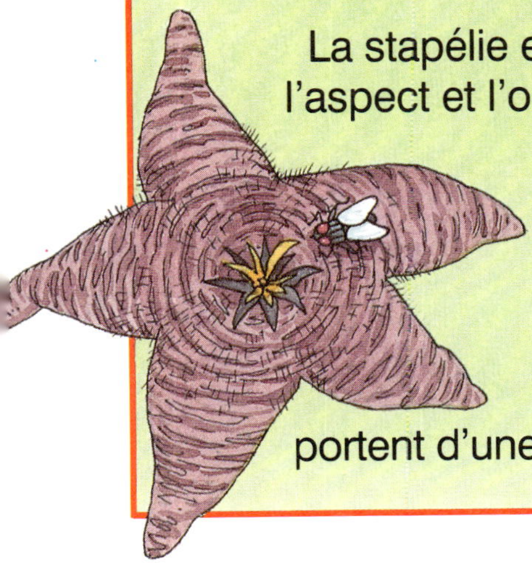

La stapélie est une fleur qui a l'aspect et l'odeur de la viande avariée, ce qui attire les mouches. Le pollen se colle aux mouches et celles-ci le transportent d'une fleur à une autre.

Les insectes utiles

Dehors, en été, observe les insectes sur les fleurs. Compte les différentes espèces.

Les insectes viennent boire le jus sucré, appelé nectar, qui est produit à l'intérieur de la fleur.

Observe un papillon sur une fleur. Tu le vois puiser le nectar avec sa longue trompe.

Un peu de pollen reste collé sur les insectes. Ils le transportent de fleur en fleur. La pollinisation de la plupart des plantes se fait ainsi.

Le corps velu d'une abeille ramasse beaucoup de pollen.

Les arbres

Les arbres peuvent devenir plus grands que n'importe quelle autre plante. Regarde les arbres près de chez toi. Sont-ils très grands ? Certains dépassent-ils les maisons ?

Le plus vieil arbre

Un pin Mathusalem en Californie, aux Etats-Unis, a plus de 4 600 ans. C'est le plus ancien arbre sur Terre.

L'âge des arbres

Observe le dessus d'une souche. Que vois-tu ?
Il y a de nombreux cercles dans le bois. Les arbres produisent un cercle tous les ans. Le nombre de cercles te révèle donc l'âge de l'arbre.

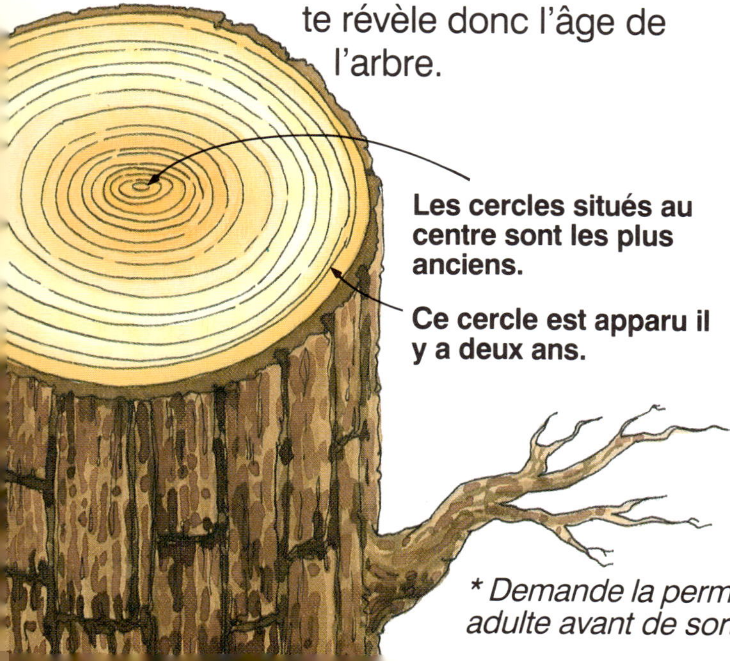

Des voleurs de lumière

En été, tiens-toi sous un grand arbre et lève la tête.* Vois-tu le ciel ?

Un grand arbre a besoin de produire beaucoup de nourriture, il a donc énormément de feuilles. Celles-ci s'étendent pour s'exposer au maximum à la lumière.

** Demande la permission d'un adulte avant de sortir seul.*

La vie dans les arbres

Approche-toi d'un grand arbre près de chez toi et observe-le tous les jours. Combien de formes de vie abrite-t-il ?

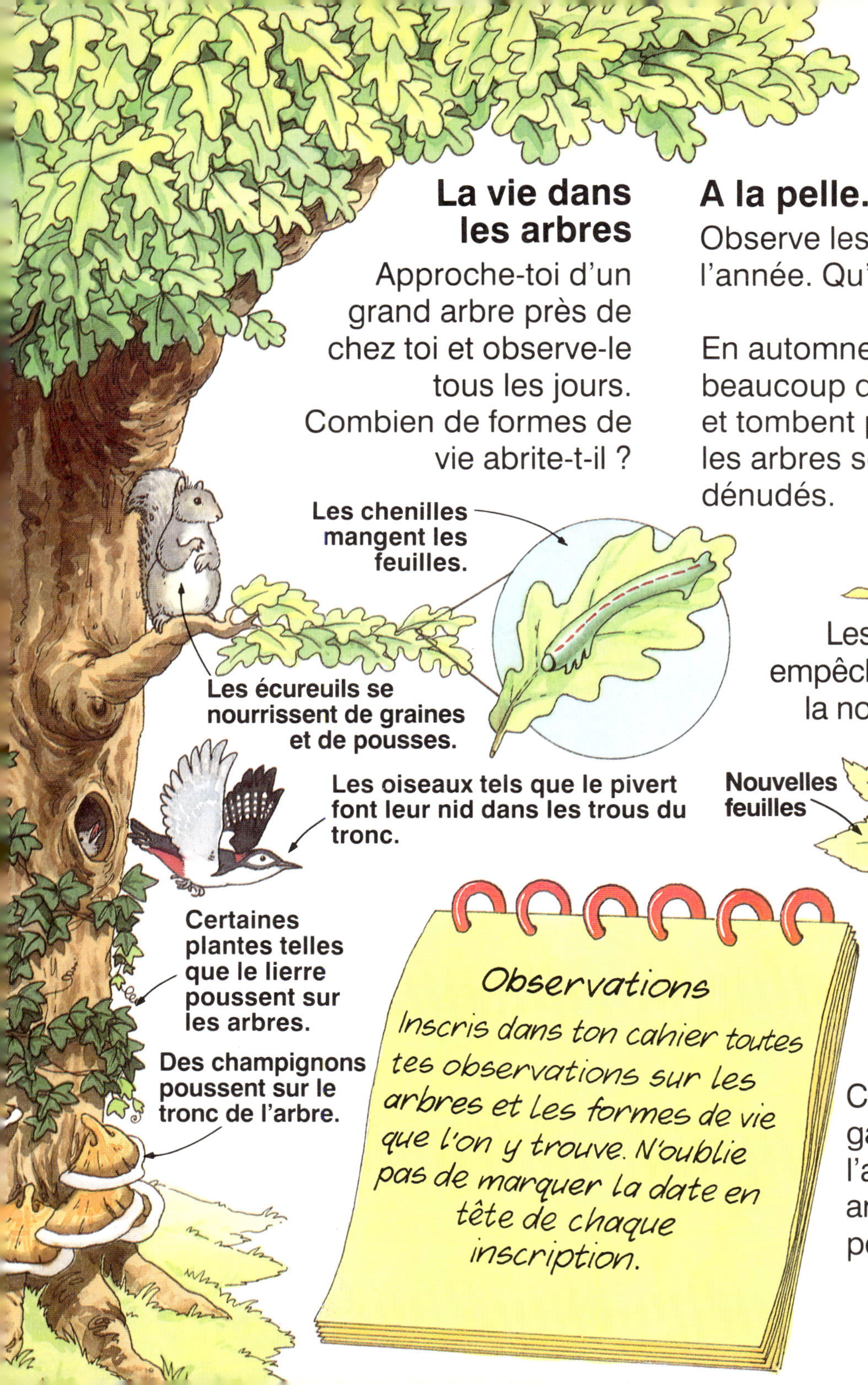

Observations

Inscris dans ton cahier toutes tes observations sur les arbres et les formes de vie que l'on y trouve. N'oublie pas de marquer la date en tête de chaque inscription.

A la pelle...

Observe les arbres au cours de l'année. Qu'arrive-t-il à leurs feuilles ?

En automne, les feuilles de beaucoup d'arbres jaunissent et tombent par terre. Bientôt, les arbres sont dénudés.

Les feuilles tombent, car le froid empêche les arbres de fabriquer de la nourriture. Ils ne poussent plus en hiver.

Au printemps, de nouvelles feuilles apparaissent, qui produisent de la nourriture. L'arbre peut alors recommencer à pousser.

Certains arbustes tel le houx gardent leurs feuilles toute l'année. Ce sont des arbres à feuilles persistantes.

Une nouvelle vie

En hiver, certaines plantes perdent leurs feuilles, tandis que d'autres disparaissent sous la terre. Toutefois, elles ne sont pas mortes. Elles s'arrêtent simplement de pousser pour se reposer. Le printemps venu, la croissance reprend.

Prêts pour le printemps

Va te promener en hiver lorsqu'il n'y a plus de feuilles sur les arbres. Arrache quelques petites branches de plusieurs espèces d'arbres et observes-en la pointe. Que vois-tu ?

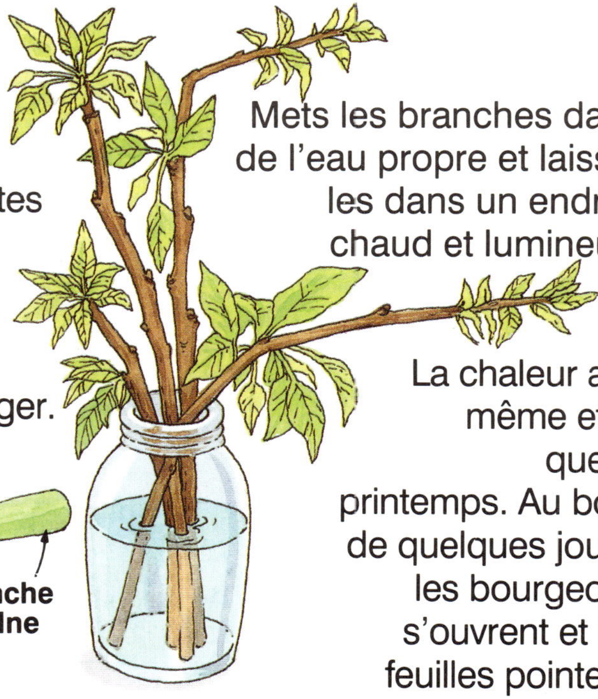

Mets les branches dans de l'eau propre et laisse-les dans un endroit chaud et lumineux.

Les bourgeons renferment de petites feuilles, comprimées pour se protéger. Au printemps, le bourgeon est prêt à pousser.

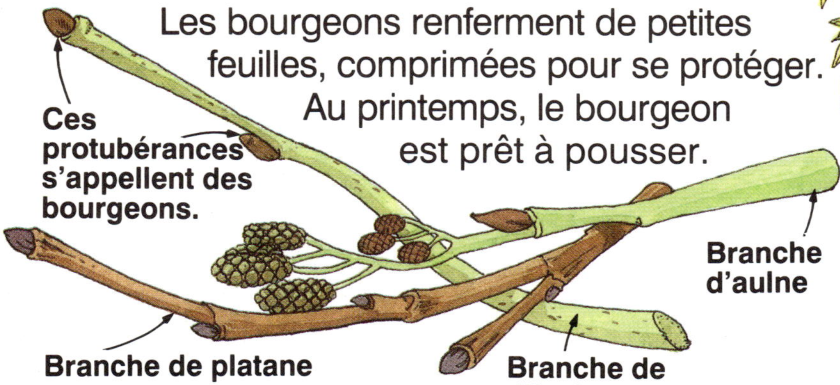

La chaleur a le même effet que le printemps. Au bout de quelques jours, les bourgeons s'ouvrent et les feuilles pointent.

Observe des bulbes

L'oignon est un bulbe. Coupe un oignon en deux. Que vois-tu à l'intérieur ?

Tu aperçois de nombreuses couches. Ce sont des feuilles particulières, comprimées de façon à former un bulbe.

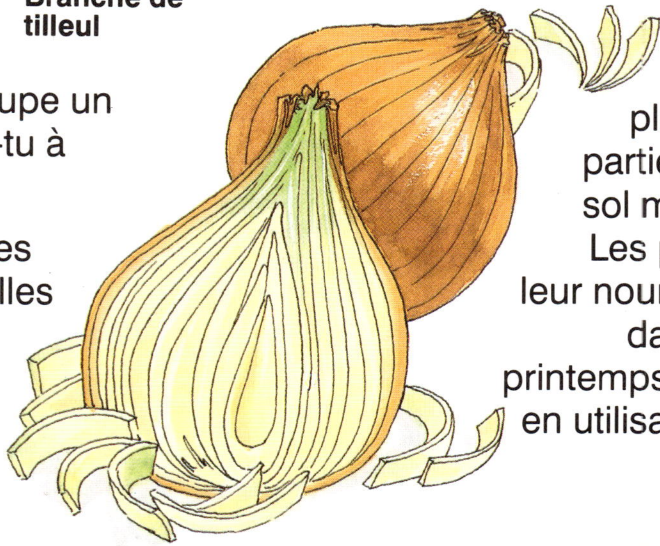

Chez certaines plantes, toutes les parties dépassant du sol meurent en hiver. Les plantes stockent leur nourriture sous terre dans un bulbe. Au printemps, elles poussent en utilisant ces réserves.

Fais pousser des bulbes

Tu peux faire pousser un bulbe d'amaryllis dans un bocal à goulot étroit. Remplis le bocal d'eau et fais tenir le bulbe dans l'ouverture; il doit à peine toucher l'eau. Laisse le bocal dans un lieu chaud et sombre.

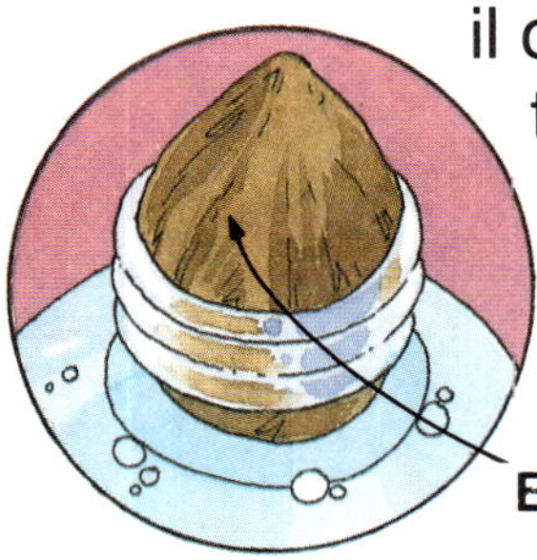

Au bout de quelques jours, le bulbe produit racines et pousses. Mets-le alors à la lumière.

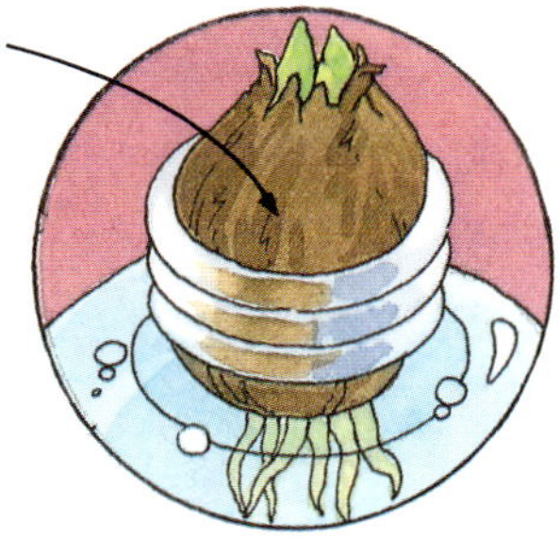

Quelque temps après, une fleur commence à pointer.

Un bulbe n'a pas besoin de terre. Il contient déjà tout ce dont une plante a besoin pour se remettre à pousser.

Fais germer les fanes de carottes

Cultive des plantes à partir de déchets de cuisine, telle la base des carottes. Une carotte renferme des réserves de nourriture, comme un bulbe, pour que puisse pousser une nouvelle plante.

Pose la base d'une carotte sur une soucoupe remplie d'eau et laisse-la au chaud, à la lumière. Que vois-tu au bout de deux ou trois semaines ?

Des feuilles apparaissent (on les appelle des fanes).

Essaie de faire germer d'autres déchets de cuisine. Les fanes de betteraves crues produisent de grandes feuilles colorées.

Les plantes se dispersent

Si les plantes poussent les unes sur les autres, elles n'obtiennent pas assez de lumière, de terre ou d'eau. Heureusement, elles peuvent disséminer leurs graines de plusieurs façons.

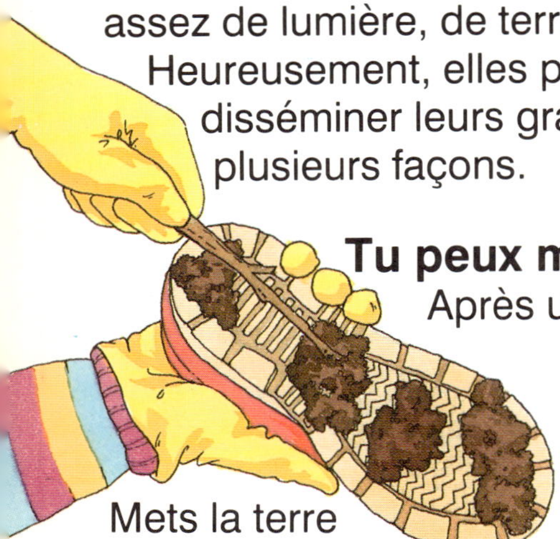

Tu peux me déposer ?

Après une promenade dehors, enlève la terre de tes chaussures.*

Mets la terre dans un sac en plastique mouillé.

Ferme-le et laisse-le dans un endroit chaud. Que s'est-il passé au bout d'environ une semaine ?

Vois-tu des pousses qui pointent ? Des plantes ont germé à partir de minuscules graines présentes dans la terre. En transportant les graines sur tes chaussures, tu as favorisé la dissémination.

Elles s'accrochent !

Après une promenade, observe tes vêtements de près. Parfois, tu y trouveras collées de petites boules appelées bardanes. Elles contiennent des graines.

Observe une bardane à la loupe. Que vois-tu ?

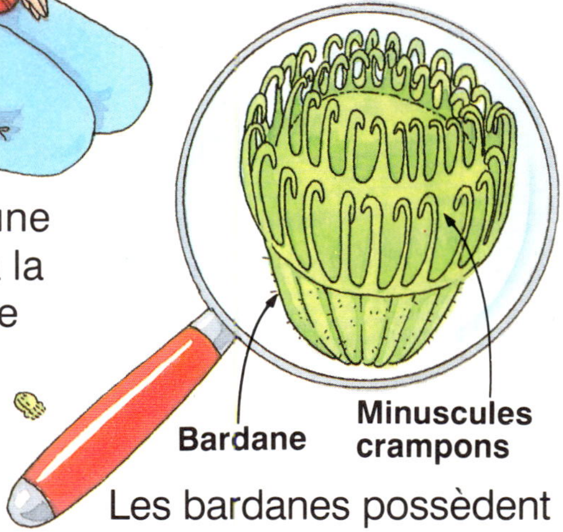

Les bardanes possèdent de minuscules crampons qui s'accrochent à la fourrure des animaux et aux vêtements. Les graines à l'intérieur sont transportées dans de nouveaux endroits, où elles pousseront.

** Porte toujours des gants en caoutchouc ou de jardinage pour manipuler la terre.*

Autant en emporte le vent

Cueille la tête d'un pissenlit une fois que la fleur est morte. Que se passe-t-il si tu souffles dessus ?

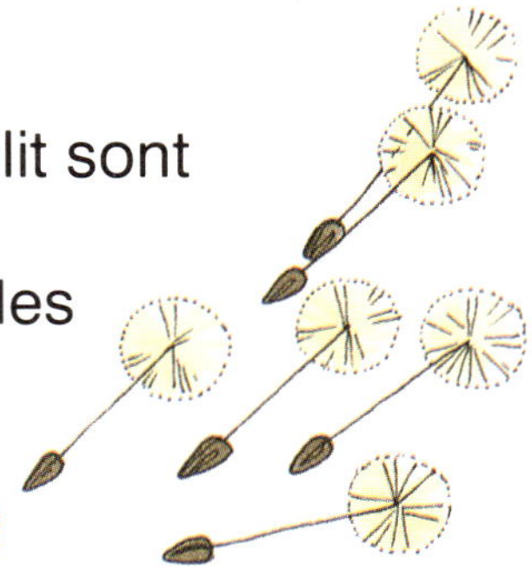

Les graines de pissenlit sont disséminées par une multitude de minuscules parachutes pelucheux.

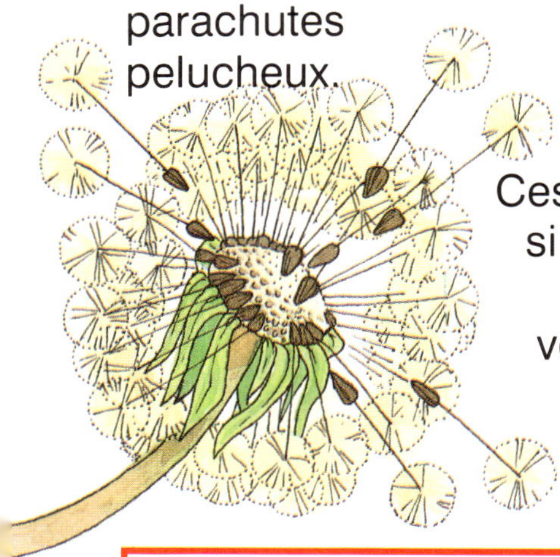

Ces parachutes sont si légers qu'ils sont emportés par le vent. Essaie de les faire s'envoler en soufflant dessus.

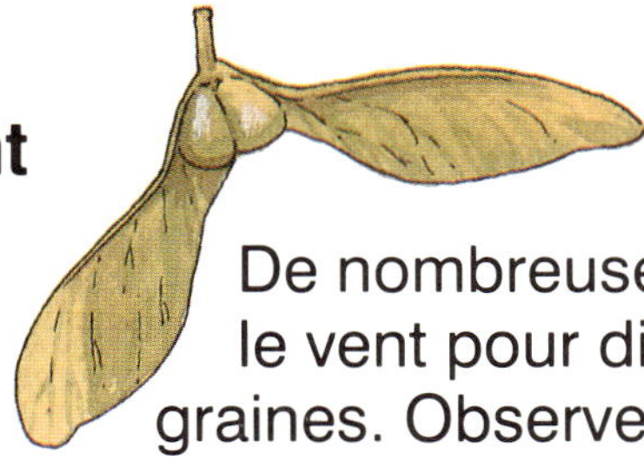

De nombreuses plantes utilisent le vent pour disséminer leurs graines. Observe les graines d'un sycomore ou d'un érable. Elles ressemblent à des ailes. Que se passe-t-il si tu en lâches une de haut ? Les graines tombent en vrille comme de minuscules hélicoptères.

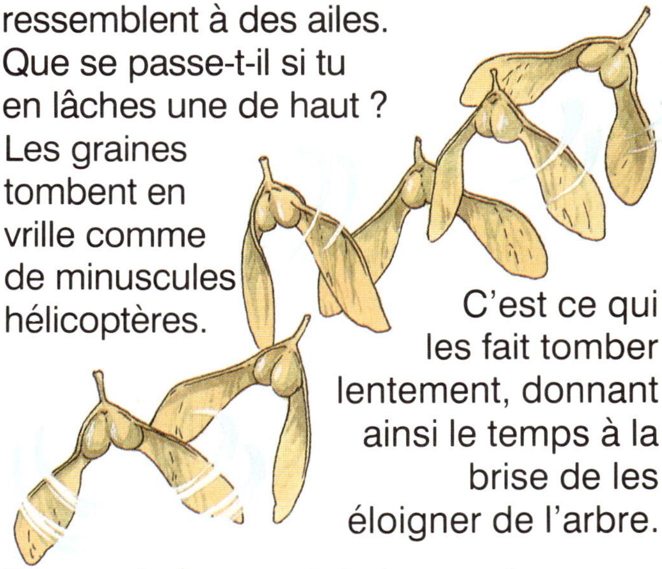

C'est ce qui les fait tomber lentement, donnant ainsi le temps à la brise de les éloigner de l'arbre.

Demande à un ami de lancer des graines de sycomore en l'air. Pendant qu'elles tombent, évente-les avec un magazine. S'envolent-elles très loin ?

C'est appétissant!

Certaines plantes ont des baies colorées. En hiver, elles servent de nourriture aux oiseaux comme les grives, qui disséminent les graines dans leur fiente, aidant ainsi les plantes à coloniser de nouveaux espaces.

Cherche d'autres graines qui se disséminent grâce au vent. Lesquelles vont le plus loin, lorsque tu souffles dessus ?

Les plantes et la terre

La plupart des plantes poussent dans la terre. Leurs racines s'étendent pour soutenir la plante et chercher de l'eau. Ces expériences t'en apprendront plus sur la terre.

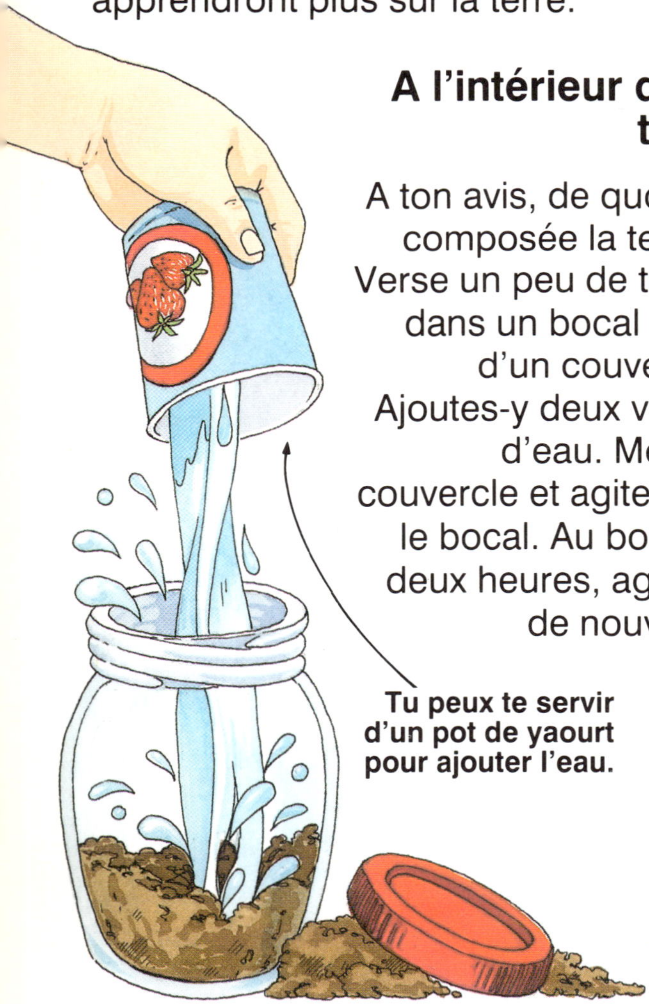

Tu peux te servir d'un pot de yaourt pour ajouter l'eau.

A l'intérieur de la terre

A ton avis, de quoi est composée la terre ? Verse un peu de terre* dans un bocal muni d'un couvercle. Ajoutes-y deux verres d'eau. Mets le couvercle et agite bien le bocal. Au bout de deux heures, agite-le de nouveau.

Laisse reposer. Que vois-tu le lendemain ?

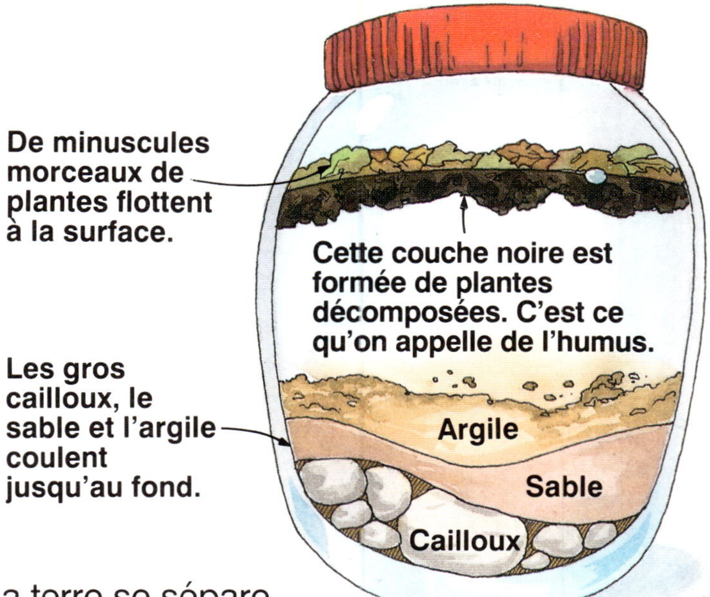

La terre se sépare en plusieurs couches. Certaines variétés de terre contiennent surtout de l'argile. D'autres sont sableuses. Chaque plante préfère une variété différente. A quelle variété appartient ta terre ?

La décomposition

Observe le sol qui se trouve sous les arbres, dans la forêt. Que vois-tu ?

Le sol d'une forêt est recouvert d'une couche de feuilles mortes en décomposition : la litière.

Vu de près

Prélève un peu de la litière dans un sac en plastique. A la maison, déverse son contenu sur du papier et fais le tri pour voir ce que tu trouves.*

Ça grouille !

Observe ton échantillon de litière de plus près. Trouves-tu des animaux comme ceux-ci ?

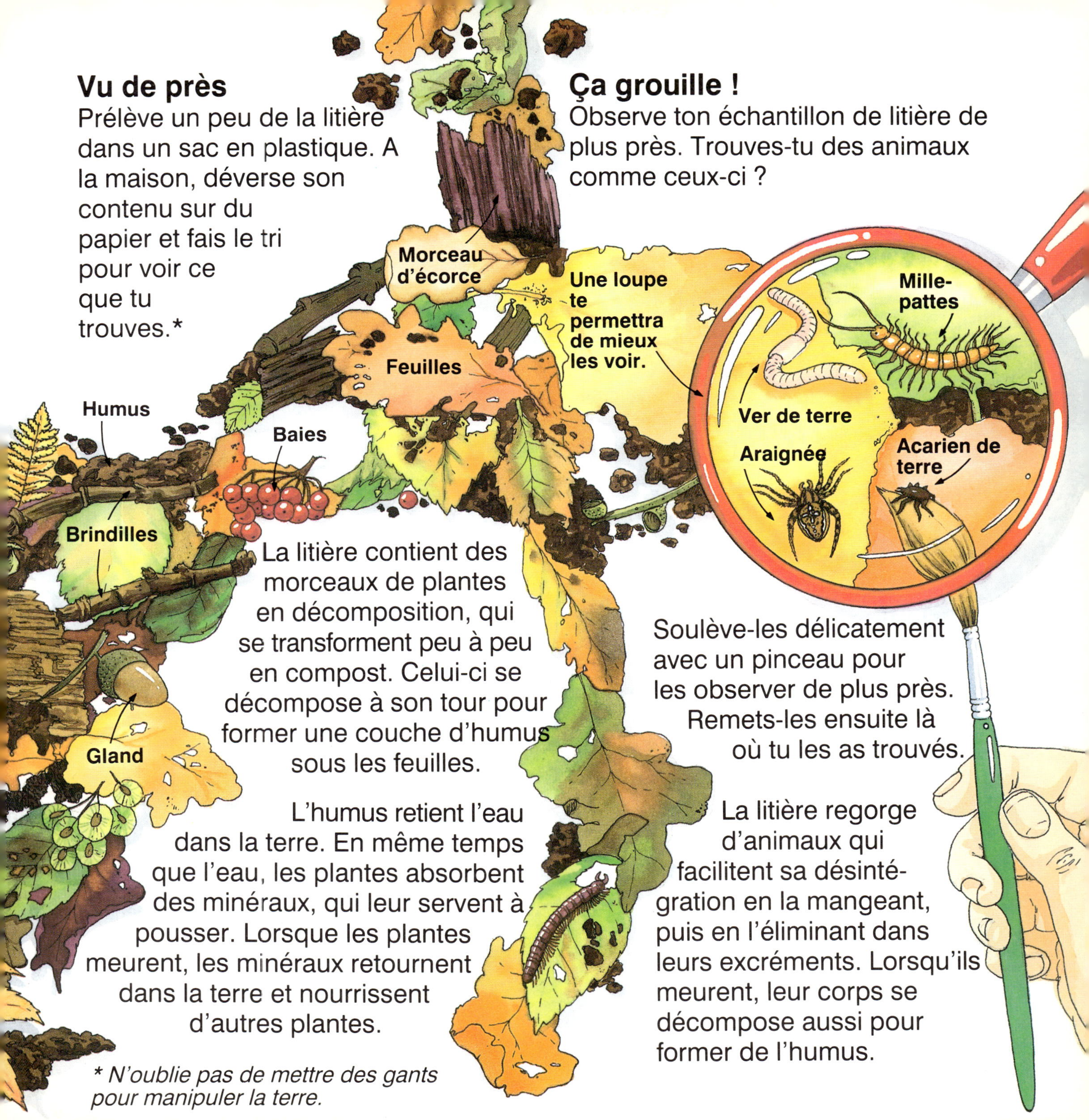

La litière contient des morceaux de plantes en décomposition, qui se transforment peu à peu en compost. Celui-ci se décompose à son tour pour former une couche d'humus sous les feuilles.

L'humus retient l'eau dans la terre. En même temps que l'eau, les plantes absorbent des minéraux, qui leur servent à pousser. Lorsque les plantes meurent, les minéraux retournent dans la terre et nourrissent d'autres plantes.

Soulève-les délicatement avec un pinceau pour les observer de plus près. Remets-les ensuite là où tu les as trouvés.

La litière regorge d'animaux qui facilitent sa désintégration en la mangeant, puis en l'éliminant dans leurs excréments. Lorsqu'ils meurent, leur corps se décompose aussi pour former de l'humus.

** N'oublie pas de mettre des gants pour manipuler la terre.*

Les plantes utiles

On se sert des plantes pour beaucoup de choses. Essaie de trouver des objets qui proviennent de plantes.

De nombreux objets dont tu te sers tous les jours proviennent des différentes parties des plantes.

Les plantes possèdent plusieurs éléments constitutifs qu'on peut manger. Tu en trouveras certainement dans ta cuisine.

La farine est fabriquée à partir de graines de blé broyées. Le pain, les spaghetti, etc. sont fabriqués avec de la farine.

Le caoutchouc

Le caoutchouc naturel est fabriqué à partir d'un suc qu'on recueille sur les troncs d'arbre. Les arbres à gomme, ou hévéas, poussent dans les pays chauds, comme le Brésil.

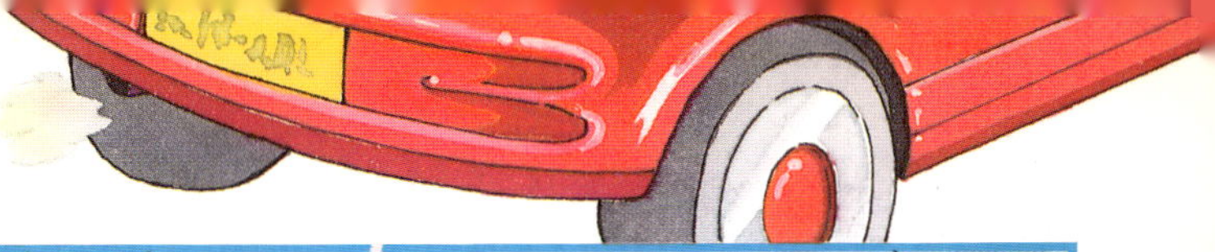

Les plantes menacées

La pollution, c'est l'ensemble des déchets que rejettent les hommes : elle fait du mal à toutes les formes de vie. Les vapeurs d'essence sont une forme de pollution. Ici, tu apprendras comment elles nuisent aux plantes.

Par une journée sèche, ramasse des feuilles qui poussent près d'une route en ville.*

Essuie-les avec un mouchoir humidifié. Trouves-tu de la saleté ?

Cette saleté provient en partie des vapeurs d'essence. Elle fait obstacle à la lumière nécessaire aux plantes pour fabriquer de la nourriture.

Essuie des feuilles que tu as ramassées dans un parc ou un jardin. Elles devraient être bien plus propres.

** Fais toujours très attention quand tu t'approches d'une route. Demande à un adulte de t'accompagner.*

La protection des arbres

Dans beaucoup d'endroits, on abat les arbres plus vite qu'ils ne peuvent repousser. Voici un moyen de protéger les arbres.

Les vieux papiers peuvent être transformés en papier neuf et resservir. Ce processus s'appelle le recyclage. Il permet de limiter le nombre d'arbres abattus pour faire du papier.

Tu pourrais garder de vieux journaux pour le recyclage. Demande à un adulte où tu peux les porter.

Dans la mesure du possible, n'achète que du papier recyclé. Réutilise les vieilles enveloppes.

Notes à l'intention des parents et des enseignants

Ces notes sont destinées à vous aider à répondre aux questions relatives aux activités décrites dans les pages précédentes.

La croissance (pages 4-5)

Au départ, la plante sans lumière (le pot numéro 3) poussera plus vite, car la lumière empêche une croissance excessive. Toutefois, sans lumière, la plante ne peut pas produire de nourriture. Ses feuilles jaunissent et elle meurt peu après.

Les plantes et l'eau (pages 6-7)

L'eau se répand dans toutes les parties d'une plante en passant par des tubes appelés vaisseaux du bois. Elle est éliminée par des pores situés dans les feuilles, les stomates, puis elle s'évapore. Cela permet à la plante de se remettre à aspirer de l'eau. Cette circulation d'eau dans une plante s'appelle la transpiration.

La lumière et la nourriture (pages 8-9)

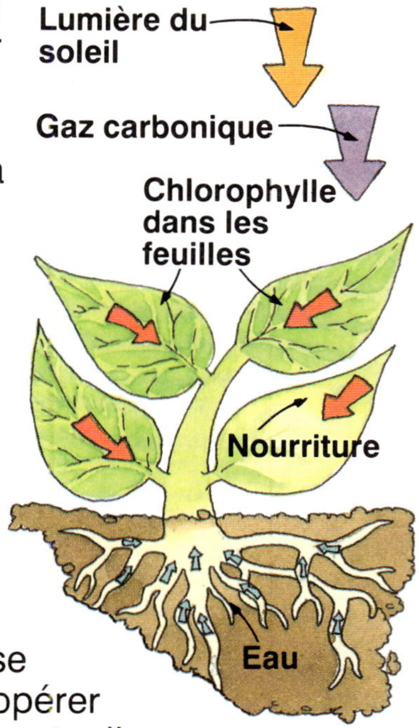

Les plantes utilisent la lumière pour fabriquer de la nourriture dans leurs feuilles : ce processus s'appelle la photosynthèse. Les feuilles contiennent une substance appelée chlorophylle, qui absorbe l'énergie solaire. Le gaz carbonique pénètre dans les feuilles par les stomates, tandis que l'eau est puisée par les racines.

La chlorophylle utilise l'énergie solaire pour opérer une réaction chimique entre l'eau et le gaz carbonique, qui produit du glucose (une forme de sucre). Des vaisseaux situés dans la tige, les tubes à sève du liber, répandent cette nourriture dans toute la plante.

Les fleurs (pages 10-11)

Les fleurs contiennent les organes sexuels de la plante. Les étamines sont mâles et le pistil femelle. A la base du pistil se trouvent

des ovaires qui renferment des ovules. Chez certaines espèces de plantes, tel le compagnon rouge, les organes mâles et femelles se trouvent dans des fleurs séparées, voire sur des plantes séparées.

Puisque les fleurs ne peuvent pas bouger, elles sont tributaires des insectes et du vent, qui prélèvent des grains de pollen sur leurs étamines et les déposent sur un stigmate — l'extrémité gluante du pistil. Lorsqu'un grain de pollen se pose sur un stigmate, un tube se forme entre le stigmate et l'ovaire à la base du pistil. De minuscules cellules de sexe masculin descendent jusqu'au fond du tube pour féconder l'ovule.

Les arbres (pages 12-13)

Ils produisent une nouvelle couche de bois tous les ans. La croissance se fait dans une couche appelée le cambium, qui se situe entre le bois et l'écorce. A mesure que l'arbre vieillit, les cellules du milieu meurent et produisent un bois rigide, le bois de cœur.

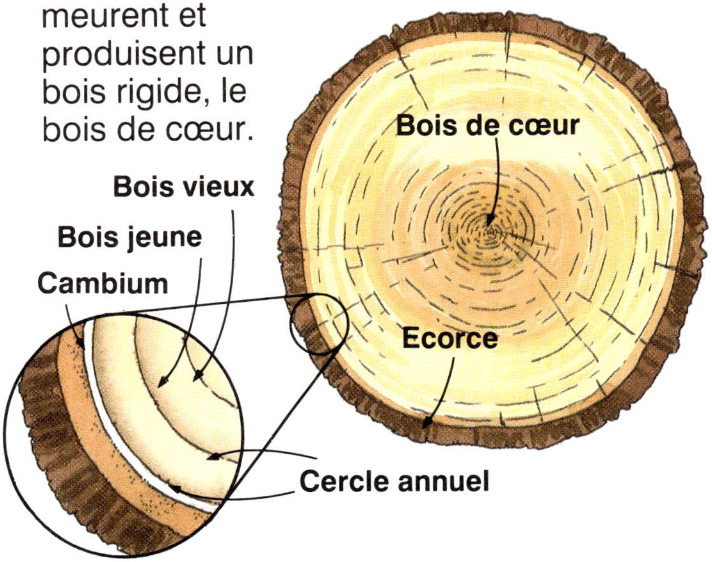

Une nouvelle vie (pages 14-15)

Après la floraison, les réserves de nourriture contenues dans le bulbe sont épuisées. On ne peut faire pousser une nouvelle fleur avec le même bulbe que si on le plante : ainsi, il peut se réapprovisionner en éléments nutritifs contenus dans la terre.

La terre (pages 18-19)

Le compost est fait de matières en partie désintégrées, mais pas encore complètement décomposées en humus. L'humus est formé de matières organiques mortes entièrement décomposées. Il forme une enveloppe gluante autour des particules de terre, qui absorbe et retient l'eau de façon que les plantes puissent l'aspirer. Les éléments nutritifs et les sels minéraux se dissolvent dans l'eau et sont aussi aspirés par les plantes.

Les plantes utiles (pages 20-21)

On abat des arbres pour fabriquer du papier, mais aussi pour obtenir des combustibles, du bois de construction et des terres à cultiver. Les forêts, en particulier les forêts tropicales humides, ont une influence importante sur le climat mondial. Elles maintiennent l'équilibre entre l'oxygène et le gaz carbonique et dégagent de l'eau dans l'atmosphère. Plus de la moitié des forêts tropicales humides du monde ont déjà été détruites.

Index

Imprimé en Belgique.